Golf Problems & Solutions
골프의 문제점과 해결책

골프의 문제점과 해결책

지은이 던칸 레나드(Duncan Lennard)
펴낸이 양동현
펴낸곳 도서출판 아카데미북
　　　　출판등록 제13-493호
　　　　136-034, 서울 성북구 동소문동4가 124-2
　　　　전화 02-927-2345 팩스 02-927-3199

초판 1쇄 인쇄 2010년 7월 1일
초판 1쇄 발행 2010년 7월 5일

ISBN 978-89-5681-111-6 13690

GOLF Problems & Solutions
First published 2009 under the title GOLF Problems & Solutions by David & Charles Brunel House, Newton Abbot, Devon. TQ12 4 PU Copyright David & Charles 2009
Source material courtesy of Today's Golfer magazine ⓒ Bauer Comsummer Media.
KOREAN translation rights arranged with David & Charles Ltd., UK
and Academybook Publishing Inc., Korea through PLS agency.

이 책의 한국어판 저작권은 PLS를 통한 저작권자와의 독점 계약으로
도서출판 아카데미북에 있습니다. 신저작권법에 의해 보호를 받는 서적이므로
무단으로 전재하거나 복제할 수 없습니다.

＊잘못 만들어진 책은 구입한 곳에서 바꾸어 드립니다.

www.academy-book.co.kr

골프의 문제점과 해결책

편집 던칸 레나드 · 번역 임태열

Golf Problems & Solutions

아카데미북

서문

경기가 한창 진행 중일 때, 골퍼들은 모든 문제에는 해법이 있다는 사실을 잊어버린다 (심지어 연습장에서조차도 크게 다르지 않다). 진정한 골프의 세계로 향하는 길은 생각보다 험난하다. 쉽게 고쳐지지 않는 스윙 습관을 간신히 고치고 나면, 이제는 절대로 숙달할 수 없을 것 같은 샷을 해야 하는 차례가 온다. 골프는 인간에게 가장 큰 좌절을 안겨 주는 스포츠라고 해도 과언이 아니다. 따라서 도중에 길을 잃은 것처럼 느껴지거나, 혼자서는 도저히 해결할 수 없을 것 같은 느낌이 드는 것도 당연한 일이다.

이 책은 바로 막다른 골목에서 더 이상 나아가지 못해 고민에 빠진 골퍼들을 위해 만들어졌다. 마치 위성 항법 시스템처럼 정확히 가야 할 길로 인도해 준다. 이 책에는 골프의 문제점들을 해결하기 위한 구체적인 요령과 연습, 전략들이 가득하다. 또한 골프에서 맞닥뜨리는 문제에는 반드시 해결책이 존재한다는 사실을 독자들에게 일깨워 줄 것이다. 뿐만 아니라 새로운 기술들을 체계적으로 활용하는 방법도 확실하게 알려준다.

책을 빠르게 한 번 넘겨 보면 티에서부터 그린까지 총 여섯 장으로 구분되어 있는 것을 알 수 있다. 이는 독자들이 골프의 여러 과정 중에서 자신이 가장 어려움을 느끼는 부분을 즉시 찾아볼 수 있도록 한 것이다. 제7장은 역 피벗(reverse pivot)이나 오버스윙(overswing) 같은, 보다 일반적이면서도 까다로운 기술들을 다룬다. 여러 가지 문제점들은 각 페이지의 상단에 명료하게 설명해 두었다. 그래서 독자들은 각각의 문제들에 대한 해결책을 빠르고 쉽게 찾아낼 수 있다.

이 책에는 골프를 하면서 만날 수 있는 다양한 문제들이 제시되어 있다. 그리고 완전한 해결책들이 제시되어 있다. 스윙 이론과 테크닉에 대해 알고 싶다면 28쪽에서 스윙 궤도(swing plane)의 비법을 찾아보라. 플라잉 라이트 엘보(flying right elbow) 현상의 원인과 방지법이 궁금하다면 18쪽을 펼쳐 보면 된다.

그러나 모두가 알다시피 골프는 이론만으로 되는 것이 아니다. 울퉁불퉁하고 눈 덮인 그린에서 퍼팅하는 법을 알고 싶다면 152쪽에서 답을 찾을 수 있다. 내리막 경사에서 높고 퍼 올리는 피치 샷을 하고 싶다면 86쪽을 찾아보면 된다.

또한 이 책에는 절대로 칠 수 없을 것으로 생각했던 모든 형태의 어려운 샷을 포함하여, 매우 실제적인 기술들도 담고 있다. 클럽의 힐 부분으로 공을 친다거나 지나치게 얇게[thin] 또는 깊게[fat] 치는 경우, 또는 늘 저지르는 실수인 슬라이스 샷[slice]까지 말이다. 심지어 이 책에는 공이 물에 빠졌을 때 빠져나오는 법, 적절히 백핸드 칩 샷(backhanded chip shot)을 하는 방법 등을 설명해 둔, '탈출법'이라는 장도 있다.

이 책은 실제 코스에서도 소지하고 다니면서 책에서 배운 내용을 활용해 볼 수 있도록 했다. 골프 가방에 이 책을 넣어 두고 연습장이나 필드에 나갈 때 가져가도록 하라. 장벽에 부닥뜨렸다고 느껴질 때 유용한 동반자가 되어 줄 것이다.

이 책에 실린 힌트와 팁들은《투데이즈 골퍼(Today's Golfer)》지에 실렸던 유용한 정보 가운데서도 엄선한 것으로, 명망 있고 존경을 받는 프로 골프 코치들이 직접 설명한 것이다. 골프의 테크닉과 타수를 줄이는 데 있어서는 이들을 따라올 자가 없다.

이 책 〈골프의 문제점과 해결책〉은 골퍼라면 꼭 알아야 할 정보들을 가득 담고 있는데, 개인 차원에서 겪는 특수한 문제들도 해결할 수 있기를 희망한다. 골프라는 게임은 절대 만만하지 않은 도전이다. 그래서 훌륭한 샷은 더더욱 큰 기쁨을 선사해 줄 것이다.

이 책이 여러분의 타수를 줄이는 데 충분한 기초를 제공해 줄 것이다. 현재 여러분이 겪고 있는 문제들은 모두 해결 가능하다는 자신감을 갖기에 충분할 것이다.

차례

Golf Problems & Solutions

서문　4

기본적인 테크닉　8

티에서　32

페어웨이에서　52

100야드 이내에서　76

벙커에서　96

훌륭한 탈출법　118

퍼팅　138

티칭 프로 프로필　159

기본적인 테크닉

골프에서 가장 큰 좌절을 안겨 주는 잘못된 스윙에 대해 설명하고 교정해 준다.

클럽을 다루는 데 문제가 있고, 칠 수 있는 거리만큼 공을 날리지 못한다.

 클럽의 그립 부분이 손에 닿아야 할 부분에 정확히 닿아 있는지 확인하여 그립 잡는 법을 바꿔라.

골프 장갑에 십자 표시와 선을 그리면, 정확한 자세로 클럽을 쥐고 있는지 확인하는 데 도움이 된다. 다음 단계들을 따라 하면서 정확히 그립을 잡아 보자.

1. 십자 표시 하는 법

골프 장갑 안쪽 손가락 부분에 대각선 방향으로 일렬로 십자 표시를 한다. 첫 번째 십자 표시는 집게손가락 중간 마디에, 마지막 십자 표시는 새끼손가락 하단의 살이 두툼한 부분에 한다. 양 십자 표시 사이에 가상의 선을 긋고 나머지 2개의 십자 표시를 한다.

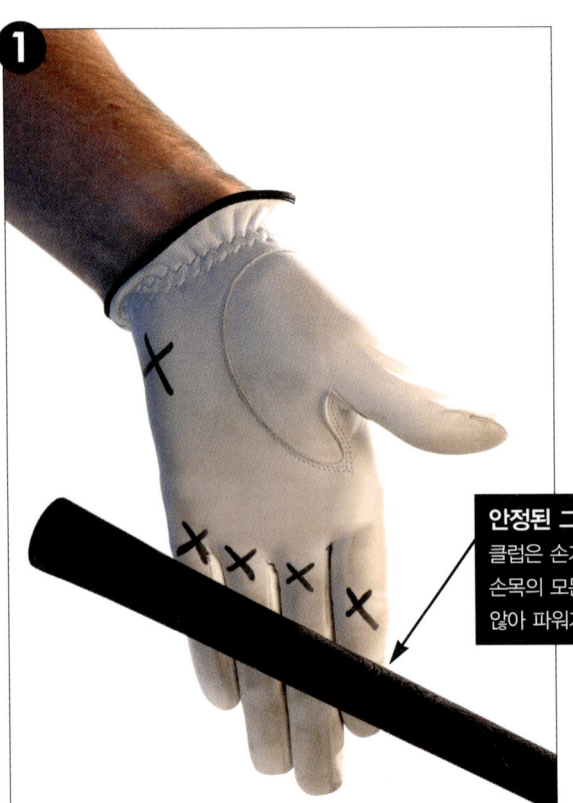

안정된 그립
클럽은 손가락으로 쥔다. 그렇지 않으면 손과 손목의 모든 움직임이 클럽에 제대로 전달되지 않아 파워가 감소하고 감각이 둔해진다.

기본적인 테크닉 **11**

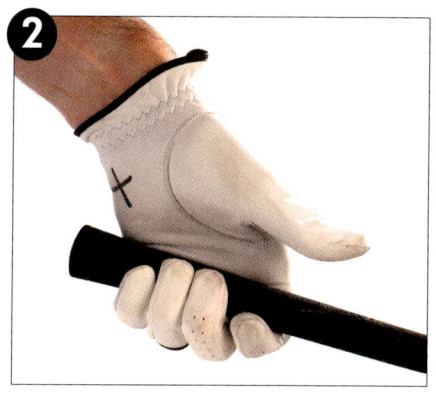

2. 손을 쥐는 법
손바닥 하단의 살집이 있는 부위에 조금 크게 십자 표시를 한다. 손가락에 그렸던 네 개의 십자 표시가 보이지 않도록 클럽을 손가락으로 고정한 뒤 쥔다. 이때 손을 쥐면서 손바닥 하단의 큰 십자 표시가 가려지면서 클럽의 끝 부분에 접촉되도록 한다.

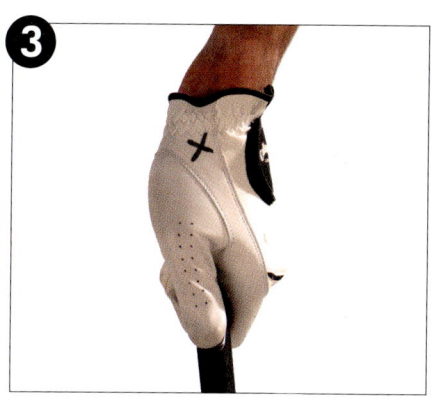

3. 엄지의 위치
이제 엄지를 핸들(그립) 위에 얹는다. 위치는 그립의 중앙에서 약간 오른쪽이다. 다음으로 엄지와 검지 사이 주름과 일직선상에 다시 십자 표시를 하여 손과 핸들의 중앙이 일직선이 되는 것을 확인한다.

4. 엄지 위 직선
왼손 엄지를 따라 직선을 그려 오른손의 생명선이 위치할 곳을 표시한다. 오른손은 핸들의 측면을 잡으면서 이 선을 가리도록 한다. 오른손으로 클럽을 잡을 때도 손가락으로 쥐어야 한다.

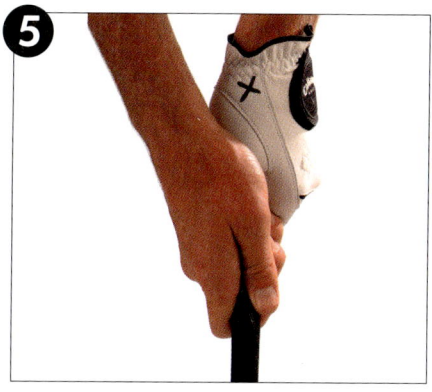

5. 양손으로 잡기
양손은 마치 하나의 기계 장치처럼 움직여야 한다. 오른손 새끼손가락이 왼손의 검지와 중지 사이에 위치하도록 포개어 잡거나 오른손 새끼손가락이 왼손 집게손가락과 서로 꼬이게 하여 양손을 깍지를 끼도록 한다.

스윙은 제대로 한 것 같은데 공이 타깃의 오른쪽 방향으로 날아간다.

 몸이 아닌 클럽을 타깃에 겨냥하라.

골프에서 가장 널리 받아들여지고 있는 잘못된 방법 가운데 하나는 자신의 어깨 또는 발을 타깃과 일직선으로 맞춰야 한다는 것이다. 어깨와 발을 타깃에 맞출 경우 몸이 스윙 경로를 방해하게 된다. 몸은 타깃 라인과 평행을 유지하는 것이 좋다.

좋지 않은 클로즈드 스탠스
어깨와 발을 깃발과 맞추면 클로즈드 스탠스 (closed stance) 자세가 된다. 따라서 공이 타깃의 오른쪽으로 날아가거나 당신이 공을 중앙으로 치기 위해 클럽의 방향을 바꿔야 한다. 이러한 자세는 보통 슬라이스로 이어지게 된다. 어깨 너머로 목표를 바라보게 되면 현재 자세가 바르다는 잘못된 생각을 하기 쉽다. 올바른 자세를 잡는 방법이 옆 페이지에 나와 있다.

1. 정확한 일렬선

정확한 자세를 잡는 가장 좋은 방법은 두 개의 클럽을 땅 위에 놓아 보는 것이다. 하나는 타깃을 겨냥하는 데 도움이 되도록 타깃을 향하게 하고, 다른 하나는 먼저 놓은 클럽과 평행하게 발 앞에 놓는다. 그런 다음 무릎과 골반, 어깨가 나중에 놓은 클럽과 직각이 되도록 위치시키는 것이다. 이제 당신의 몸은 타깃의 왼쪽을 향하고 있을 것이다.

2. 오픈 스탠스(open stance)

어깨 너머로 타깃을 확인하지 말고 고개를 왼쪽으로 돌려서 확인하도록 하라. 이렇게 자세를 취하면 너무 넓게 느껴지거나 또는 타깃의 왼쪽을 겨냥하고 있는 듯한 느낌이 들 수도 있다. 그러나 이는 단지 올바르다고 느꼈던 예전 자세에 익숙해져서 그런 것일 뿐이다.

백스윙이 제한되는 느낌이고 스윙에 파워가 없다. 볼을 무겁게 치는 경향이 있다.

 턱을 들어 가슴에서 떼어 어깨가 완전히 돌아가도록 하라.

골프에서는 머리를 낮춰야 한다는 조언을 많이 듣는다. 하지만 이렇게 하면 어드레스 자세가 잘못되고 백스윙을 할 때 어깨가 완전히 돌아가는 것이 아니라 약간 기울게 된다. 이렇게 비좁고 파워가 부족한 스윙은 타이밍을 맞추기가 어려워 결국 팻 샷(fat shot)으로 이어질 가능성이 높다. 보다 자유로운 스윙을 위해 다음을 참고하라.

부족한 공간
턱을 가슴에 붙이면 어깨가 회전할 수 있는 공간이 제한된다.

잘못된 자세
머리와 턱을 낮추는 데 지나치게 집중하다 보면 턱이 가슴에 닿게 된다. 어깨는 구부정하고 상체는 긴장되어 있다. 이런 자세로는 뻣뻣하고 힘없는 스윙을 하게 된다.

좋지 않은 백스윙
턱이 가슴에 닿은 상태에서는 공간이 부족해 어깨가 충분히 돌아갈 수 없다. 따라서 어깨 회전이 거의 없는 가운데 클럽이 매우 가파른 곡선을 그리게 된다. 이럴 경우 다운워드 블로(downward blow)나 공을 두껍게 치는 경우가 자주 발생한다.

기본적인 테크닉 **15**

쭉 뻗은 척추
턱을 가슴에서 떼면 등의 윗부분이 곧추세워지게 된다. 쭉 뻗은 등은 굽은 등보다 더 빠르게 돌릴 수 있다. 그러므로 이 자세에서 보다 원활하게 다음 자세로 넘어갈 수 있다.

바람직한 자세
눈은 공에 고정시키고 턱은 가슴에 닿지 않도록 약간 들어 올리면 스파인 앵글(허리 각)이 펴진다. 자세가 기본 운동 자세(athletic posture position)에 보다 가까워지고 상체가 유연해진다.

좋은 백스윙
턱과 가슴이 떨어져 있으므로 어깨가 자유롭게 움직일 수 있는 공간이 있다. 팔을 유연하게 움직일 수 있으므로 보다 파워 있는 백스윙을 할 수 있다.

스윙의 시작이 매끄럽지 못하고 스윙에 리듬감이 없다.

 사전 준비 동작을 통해 테이크어웨이 단계에 매끄럽게 진입하라.

매끄럽게 스윙을 시작하는 것은 매우 중요하다. 리듬 있고 균형 잡힌 스윙을 위한 첫걸음이기 때문이다. 많은 프로 골퍼들은 자신만의 특색 있는 시작법 또는 시작을 유발하는 트리거(trigger)를 갖고 있다. 당신의 트리거가 무엇이든 크게 상관없다. 중요한 것은 당신만의 트리거를 개발하고 시작 단계부터 올바르게 스윙하는 것이다. 다음 네 가지 시작법들을 한 번 시험해 보라.

트리거의 역할

당신은 모든 종류의 트리거를 활용하여 뇌에 스윙이 곧 시작된다는 신호를 전송할 수 있다. 당신의 오른쪽 살짝 움직여 보는 것도 그중 하나다. 여기에 실린 트리거 예시들을 모두 시험해 보고 당신에게 가장 잘 맞는 것을 찾아라.

기본적인 테크닉 **17**

1. 무릎을 살짝 구부려 본다
마치 조각상처럼 뻣뻣하게 서 있는 골퍼들은 자유롭게 몸을 움직이는 데 곤란을 겪는다. 오른쪽 무릎을 타깃 방향으로 살짝 움직이는 간단한 동작을 통해 백스윙을 시작할 때보다 준비되었다는 느낌을 가질 수 있다.

2. 왜글(waggle)
클럽을 지나치게 세게 쥐면 손과 팔이 뻣뻣해지고 떨리는 증상이 발생하게 된다. 긴장을 풀기 위해서 스윙하기 전에 클럽을 앞뒤로 몇 차례 움직여 보라.

3. 클럽을 지면에서 떼라
클럽을 지면에서 들어 올려 공 뒤에서 움직여 본다. 이렇게 하면 보다 매끄럽게 테이크어웨이를 할 수 있고 클럽이 지면에 쓸리는 현상도 방지할 수 있다.

4. 잔디를 가볍게 쓸어 보라
테이크어웨이 동작 중에 드라이버의 끝부분이 잔디의 윗부분을 부드럽게 스치도록 하라. 이 동작은 당신이 스윙을 할 때 타이밍과 균형 감각을 느끼도록 한다.

백스윙을 할 때 팔이 상체와 따로 놀아 이른바 '플라잉 라이트 엘보(flying right elbow)' 현상이 나타난다.

 백스윙을 하는 동안 팔과 몸 사이에 일정한 간격을 유지하라.

1. 팔을 자연스럽게 늘어뜨려라

어드레스 단계부터 정확한 자세를 취하도록 한다. 골반을 기준으로 몸을 숙이고 등을 곧게 펴고 무릎은 약간 구부려 준다. 팔은 어깨 밑에서 자연스럽게 늘어뜨려서 오른쪽 팔꿈치가 오른쪽 골반과 마주보도록 한다. 이제 클럽을 잡고 손과 몸 사이에 손바닥 하나 정도의 간격을 유지하라.

2. 턴에 집중하라

클럽을 뒤로 빼는 동안 팔이 몸과 지나치게 밀착하지 않도록 하라. 이렇게 팔을 안쪽으로 넣고 시작하면 스윙이 높아지고 이를 상쇄하기 위해 백스윙 시 타깃 라인과 각도가 어긋나게 된다. 등의 중간 부분과 왼쪽 어깨, 왼손, 클럽 헤드가 골반 높이에서 일직선을 이루어야 하고 오른쪽 팔꿈치는 지면을 바라보아야 한다.

3. 삼각형을 유지하라

백스윙 시 팔을 심하게 뻗거나 팔꿈치가 몸을 스쳐 지나가는 상황이 자주 발생한다. 그러나 이럴 경우 백스윙 탑에서 클럽이 지나치게 높이 올라가게 된다. 뒤로 턴을 할 때 왼쪽 어깨가 턱의 아랫부분을 스쳐 간다는 생각으로 임하도록 하라. 탑에서 당신의 오른쪽 팔꿈치는 클럽의 샤프트 부분 바로 아래에 위치해야 한다.

스윙 중에 몸이 뒤늦게 좌우로 기울어져서 타격이 나빠지고 일관성이 떨어진다.

 타월을 하나 준비해 오른발 바깥쪽으로 밟도록 한다. 이 방법을 통해 뒷다리가 어떻게 백스윙 턴에 저항하고 체중을 지지해야 하는지 느낄 수 있다.

골퍼들이 저지르는 가장 흔한 실수 가운데 하나는 스윙 시 몸을 좌우로 기울이는(스웨이) 것이다. 이렇게 되면 스윙의 일관성과 범위, 컨트롤하는 능력이 떨어지게 된다. 이를 방지하기 위한 효과적인 훈련은 오른발로 골프 타월을 밟고 스윙하는 것이다. 이 타월은 마치 쐐기와 같은 역할을 하며 백스윙 시 체중을 오른쪽 다리와 발 안쪽으로 지지하도록 하는 데 도움을 준다.

풋 레지스터
(Foot resistor)
타월을 오른발 아래 끼워 두면 백스윙 탑에서 오른쪽 다리의 안쪽 부분과 오른발로 무게를 지탱하게 된다.

좌우 스웨이
(side-to-side sway)
이런 현상이 발생하는 이유는 스윙할 때 골반이 돌지 않고 옆으로 움직이기 때문이다. 백스윙 시 몸무게는 오른쪽 다리 바깥쪽에 실리게 되고 오른발은 안쪽이 들리거나 땅에서 떨어지게 된다.

기본적인 테크닉 21

 클럽이 백스윙 탑에서 평행선을 넘어가는 오버스윙을 한다. 결과적으로 파워와 컨트롤이 떨어진다.

 보다 짧고 콤팩트한 백스윙을 하겠다는 의식적인 결정을 내려라.

오버스윙은 코일(coil)을 감소시키므로 백스윙 시 파워를 축적하는 대신 오히려 파워를 줄어들게 만든다. 게다가 클럽이 공에 닿기 위해 가야 할 거리가 더 길기 때문에 클럽이 임팩트 스퀘어로 돌아올 가능성도 줄어들게 되어 정확도가 줄어든다. 가장 나쁜 것은 오버스윙을 하면 중요한 리듬과 타이밍을 놓치게 된다는 것이다. 따라서 스윙 시 일관성을 잃게 되고 거리 조절 역시 불가능해진다. 반면에 스윙을 짧게 하면 놀라울 정도로 모든 문제들이 해결될 것이다.

평행선을 심하게 넘어간 경우
클럽이 평행선을 넘어가면 컨트롤하는 능력과 타이밍을 놓치게 된다. 결과적으로 상체에 축적된 코일이 사라지고 클럽이 공에 닿을 때면 파워와 일관성이 떨어지게 된다.

평행선
드라이버 샤프트는 지면과 수평 또는 약간 짧은 상태에서 멈춰야 한다. 연습할 때 원래 뺐던 거리의 절반만 뺀다는 느낌으로 해 보라. 너무 짧게 느껴지겠지만 실제로는 적정 거리의 4분의 3 이상 뒤로 빼게 된다.

스윙 중에 균형을 잃어서 어떤 종류든 제대로 컨트롤 된 파워를 내는 능력이 저해된다.

 클럽을 쥐고 스윙의 세 가지 핵심 요소에 집중하라. 바로 셋업, 백스윙 탑, 그리고 피니시다.

무게 이동이 잘된다는 것은 백스윙 시 몸무게를 몸의 오른쪽으로 이동시키고 스루 스윙 시에는 다시 왼쪽으로 옮기는 것을 의미한다. 그리고 가장 중요한 것은 이러한 체중 이동 중에 균형을 유지하는 것이다.
다음의 세 가지 체크 포인트(어드레스, 탑, 피니시)를 점검해 보자.

1. 셋업 자세 : 동등한 균형

셋업 자세에서 체중은 양발에 균등하게 배분되어야 한다. 무게 중심을 공의 약간 앞쪽으로 잡아서 스윙에 대비해 균형을 잡고 준비하고 있다는 느낌을 가지도록 하라. 그러면 운동 자세가 나오고 자세가 좋아지며 타격할 준비가 된다. 가장 좋은 어드레스를 연습법은 다이빙 보드의 끝에 서서 곧 점프할 것이라고 상상하는 것이다.

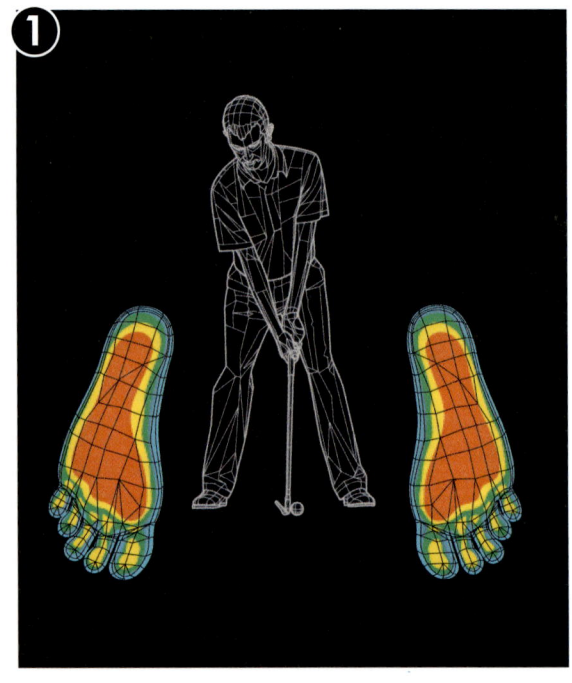

맨발로 연습하라
스윙 시 발놀림을 좋게 하려면 맨발로 스윙을 연습하는 것이 좋다. 자각(awareness)이 크게 개선되고 발에 실린 무게 배분을 더 정확히 느낄 수 있다.

2. 탑에서 : 무게 중심을 몸의 오른쪽으로

백스윙을 하면서 무게 중심은 점진적으로 오른쪽으로 이동하기 시작해야 한다. 백스윙 탑에서 무게의 절반 이상은 오른쪽으로 이동한 상태여야 한다. 그런 다음 왼쪽 발에 20퍼센트의 무게를 남겨둬서 상체 회전을 지지하도록 하자. 이 순간 몸무게의 상당 부분이 당신의 왼쪽 골프 신발의 안쪽에 대해 저항하는 느낌이 들어야 한다.

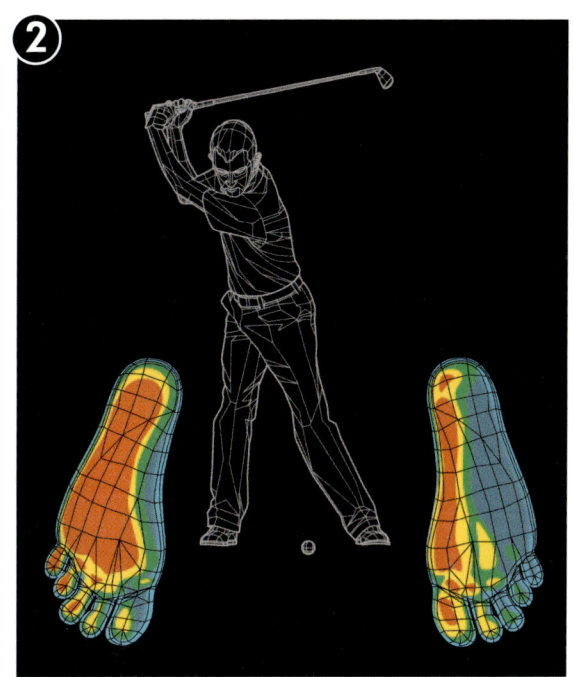

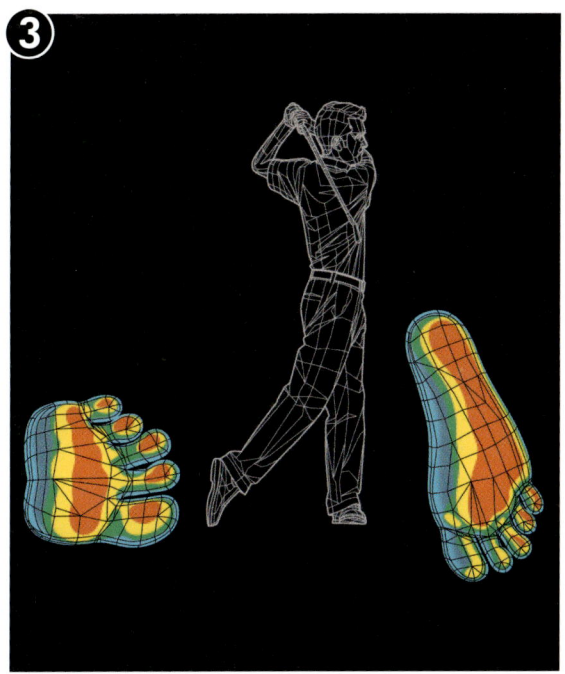

3. 피니시 : 무게 중심을 왼쪽으로 이동

이제 공을 타격할 때 발의 무게 배분의 균형을 잡기 위해 무게 중심은 서서히 몸의 왼쪽으로 옮겨가야 한다. 스윙을 완성해 가는 단계에서 무게 중심은 계속 왼쪽으로 이동하게 된다. 피니시에서 몸무게의 80퍼센트는 왼발에, 그리고 단지 20퍼센트만 오른발에 실려 있어야 한다.

백스윙 시 무게 중심이 앞으로 쏠리고 스루 스윙 때는 뒤로 쏠린다(전형적인 역 피벗 현상).

 하체 움직임에 집중한다. 올바른 무게 중심 이동을 위해서는 무릎의 움직임을 조절해야 한다.

클럽을 잡은 골퍼들의 큰 문제 중의 하나는 왼쪽 무릎이 공으로 향하는 것이다. 이렇게 되면 어드레스 단계에서 왼쪽에 과도한 무게가 쏠리게 된다. 그리고 스윙이 시작되면서 압력으로 인해 무릎이 구부러지고, 정면으로 더욱 기울어지면서 오른쪽 다리는 곧게 펴지게 된다. 이런 고전적 오류는 역 피벗이라 부르며 수많은 스윙 트러블의 원인이 된다. 그중에서도 가장 흔한 것이 바로 슬라이스 샷이다. 양 무릎을 균등하게 구부리는 것이 이 무게 불균형 문제에 대한 해결책이다. 다음 네 가지 단계를 따라해 보자.

좋지 않은 피벗
만약 왼쪽 무릎의 위치가 낮아지고 지면 쪽을 향하면 전형적인 역 피벗 자세라 볼 수 있다. 스윙을 하는 동안 무릎의 높이를 일정하게 유지하고 두 다리를 똑같이 구부리는 연습을 하도록 한다.

일반적인 실수
백스윙 시 왼쪽 무릎이 지나치게 구부러지면 반대로 오른쪽 무릎은 쭉 펴지게 된다.

기본적인 테크닉 **25**

1. 양 무릎 굽히기 - 바른 셋업 자세

양 무릎을 양 발의 발가락 쪽으로 구부린다. 뒤로 스윙하면서 왼쪽 다리 안쪽의 저항력을 느끼는 데 집중하라. 이를 통해 무릎이 정면의 지면 방향으로 기울어지는 것을 막을 수 있다.

2. 샤프트를 통한 문제 해결 - 균등한 굽히기

왼쪽 무릎을 왼발 발가락 쪽으로 구부리는 연습을 위해서 다음을 시도해 보라. 미들 아이언을 지면과 45도 각도를 그리도록 하여 바닥에 고정시킨다. 그리고 백스윙을 할 때 무릎이 샤프트를 앞으로 밀어내지 않도록 주의한다.

구부리고 정면을 향하기

탑까지 스윙하면서 당신의 왼쪽 무릎은 계속 구부린 상태로 정면을 향해야 한다. 만약 왼쪽 무릎이 샤프트를 밀어 지면으로 기울어지게 한다면 당신은 저항력을 유지하고 있지 않은 것이다.

3. 오른쪽 팔꿈치는 오른쪽 무릎에 - 끌어 내리기

역 피벗은 일반적으로 오버 더 탑(over-the-top) 다운스윙으로 이어진다. 이를 방지하기 위해서 다운스윙을 할 때 오른쪽 팔꿈치가 몸의 오른쪽과 가까운 간격을 유지하도록 한다. 정확한 다운스윙을 구사하기 위해 양 팔을 (공쪽이 아니라) 엉덩이의 오른쪽으로 끌어내려라.

4. 균형을 유지하라 - 마지막 동작

양 무릎의 구부린 상태를 유지함으로써 스윙 동작 내내 훨씬 균형이 잡힌 느낌을 받을 수 있다. 피니시에서 몸은 타깃을 향한 채 무게중심은 왼발에 있고 클럽은 어깨 뒤로 넘어간 상태가 되는 것을 목표하라.

팔을 뒤로 뺄 때 팔의 자세가 무너져 스윙 폭이 줄어들고 힘이 떨어진다.

 스윙을 원이라고 상상해 보라. 스윙 탑까지 당신의 오른팔과 어깨 사이의 폭을 유지한다.

구부러진 오른쪽 팔꿈치

더 크게 턴을 돌고자 하는 골퍼들은 백스윙 시 어깨 회전을 극대화하기 위해 종종 오른팔을 지나치게 구부린다.

이렇게 하면 클럽이 상체에 매우 근접하게 움직이게 됨으로써 팔이 몸과 분리된 느낌이 든다. 클럽이 자주 탑을 넘어서게 되고 임팩트 시 팔이 구부러진 아웃-투-인(out-to-in) 현상이 발생한다. 이렇게 팔의 움직임이 잘못 되면 스루 스윙 시 왼팔이 몸 쪽으로 무너지게 된다. 결과적으로 오른쪽으로 치우친 약한 슬라이스 샷이 발생한다.

구부러진 팔꿈치
큰 백스윙 턴을 원하는 골퍼들에게서 오른쪽 팔이 구부러지는 현상이 종종 발생한다. 팔이 구부러지면 스윙 아크가 좁아지고 페이드(fade)가 약해진다.

셋업 자세에서 폭을 유지

몸 주위로 스윙 아크를 그려야 한다. 아크를 유지하기 위해서는 스윙의 전 과정에서 손이 몸과 일정한 거리를 유지하도록 해야 한다. 처음 자세부터 시작하라. 몸에서 손바닥 하나 정도의 거리를 유지하고 클럽을 잡는다. 그리고 백스윙 탑을 향하는 동안 오른손과 오른쪽 어깨 사이의 폭을 일정하게 유지하도록 집중하라. 클럽이 공을 타격하고 팔이 피니시를 위해 타깃 방향으로 펼쳐지는 순간에도 이 폭은 계속 유지되어야 한다. 당신의 샷이 더욱 제어된다는 걸 느낄 수 있을 것이다. 게다가 백스윙 턴이 개선되면서 스윙에 힘이 더 많이 실리게 된다.

일정한 간격 유지
셋업 자세에서 오른손과 어깨 사이의 간격에 집중한다. 백스윙 탑에 도달할 때까지 이 간격을 유지한다.

과도한 수직 또는 수평의 스윙 플레인은 정확도와 일관성을 떨어뜨린다.

 스스로 스윙 플레인을 점검하고 향상시킨다. 골판지 박스를 활용한다.

스윙 플레인은 공을 멀리, 똑바로 보내기 위한 열쇠다. 골판지 박스를 반으로 자른 뒤 스윙 플레인을 점검하게 위한 간단한 보조 교재로 활용하자. 집에서 다음의 간단한 동작들을 연습해 보라.

타깃과의 각도는 직각
이 순간 어깨가 타깃과 직각을 이루고 있는 것을 주목하라. 지면의 타깃 라인과도 확실한 직각을 이루고 있다. 상체는 과도하게 돌아가지 않았으며 클럽을 안쪽으로 당기고 있다.

자세 잡기
백스윙 동작을 실전처럼 연습해 보고 클럽을 정확히 뒤로 반만 빼서 샤프트가 타깃 라인과 평행을 이루고 클럽 페이스는 당신의 몸 반대쪽을 향한 채 직각을 이루도록 해 보자.

1. 라인 안쪽에서 시작하지 말 것 – 일반적인 실수

클럽이 안쪽으로 지나치게 많이 빠졌다. 이 자세로는 스윙 탑에서도 클럽이 여전히 열려 있게 된다. 또한 클럽을 당겨서 공을 때리게 되면 슬라이스 샷이 날 것이다.

2. 스윙 탑에서 자세 잡기

탑에서의 이상적인 자세는 클럽이 지면과 평행을 이루는 시점에 약간 못 미친 상태에서 타깃을 향하는 것이다. 이 자세에서 몸의 왼쪽 부분이 다운스윙으로 이어지는 것을 느껴라. 골반을 타깃 쪽으로 움직이고 팔은 클럽을 당겨 백스윙 경로를 그대로 되짚어 이동하면서 공을 타격한다.

3. 직각으로 돌아오기 – 릴리즈 시점

만약 같은 경로를 따라 백스윙과 스윙을 했다면, 클럽의 페이스가 다시 임팩트에서 타깃에 직각이 되어 있을 것이다. 박스를 지침으로 클럽이 정확이 임팩트 지점을 지나도록 하며 풀어 준다. 샤프트는 스루 스윙의 절반 지점에서 타깃 라인과 평행을 이루어야 한다.

4. 끊임 없이 연결시킬 것 – 피니시

정확한 플레인을 따라 스윙하지 않고, 안쪽으로 꺾인 가상의 타원형 모양의 원을 그린다면 공의 방향은 바뀌게 된다. 팔을 몸에 가깝게 유지하라. 백스윙 때와 마찬가지로 팔은 끊임 없이 같은 형태의 연결 동작이 이루어져야 한다.

공을 칠 때 클럽 페이스가 닫혀 있어 풀 훅(pull-hook)이 된다.

 몸의 회전과 함께 클럽 페이스도 회전하도록 그립을 약하게 잡아라.

닫힌 클럽 페이스

훅 샷을 내는 사람들은 왼손의 손가락 서너 개가 보이면서 그립을 매우 강하게 잡고 있는 경우가 많다. 임팩트 순간 손은 늘 자연스럽게 중립적인 형태로 돌아온다. 그러므로 볼을 타격할 때 클럽 페이스는 닫히게 된다. 게다가 스윙이 인-투-인(in-to-in)일 경우 상황은 더욱 심각해지고, 많은 골퍼를 낙담시키는 지독한 풀 훅이 나온다.

그립을 중립에 놓는다

먼저 클럽을 정확하게 잡는다. 그립을 잡은 뒤 왼손가락은 2개만 보여야 한다. 이 자세에서 클럽은 몸과 함께 회전해야 한다. 그립을 약하게 잡으면 백스윙 절반 지점에서 발가락이 약간 지면을 향해 꺾이게 된다. 그러면 지나치게 손목을 꺾을 필요가 없어지고 임팩트 시 클럽이 자연스럽게 직각이 되게끔 돌아올 수 있다.

후커(hooker)의 스윙
전형적인 후커의 스윙에서 클럽은 안쪽으로 넘어와 뒤로 처지게 된다. 이렇게 되면 클럽 페이스는 자동적으로 과도한 회전을 하게 된다.

그립은 약하게
그립을 약하게 잡으면 클럽은 뒤로 절반 정도 빠진 상태에서 약간 닫히게 된다. 따라서 닫힌 페이스를 일부러 돌릴 필요가 없다.

기본적인 테크닉 **31**

 전체적으로 컨트롤과 일관성이 부족하다.

 골프 스윙의 기초는 다리다. 보다 안정적인 동작을 위해 다음 세 가지 사항을 숙지해 보자.

스윙 시 다리를 컨트롤하는 것은 보다 힘 있고 정확한 샷을 치기 위해 필수적이다. 여기 다리를 훌륭하게 컨트롤하는 법이 소개되어 있다.

1. 셋업 자세
어드레스를 할 때 당신의 다리는 운동형의 자세로 고정되어 있어야 한다. 다리가 긴장하지 않고 약간의 저항력을 갖도록 무릎에 힘을 주어 살짝 벌리도록 하라.

2. 백스윙
백스윙을 하면서 왼쪽 다리 안쪽과 오른쪽 다리 허벅지에서 저항력을 느껴라. 어드레스 단계에서의 양 무릎 사이의 간격을 그대로 유지하는 데 초점을 둔다.

3. 임팩트
오른쪽 무릎이 오른손의 움직임과 동시에 타깃을 향할 수 있도록(임팩트 시 오른손과 오른 무릎은 일직선상에 있어야 한다). 상체와 하체는 긴밀하게 연결되어 유기적으로 움직여야 한다. 이런 자세는 안정된 타격을 보장한다.

티에서

티샷의 파워와 정확도를 향상시키고 게임을 멋지게
시작하기 위한 팁과 연습

티샷의 파워가 떨어져 긴 코스에서 플레이하기 어렵다.

 폭을 넓히고 하체의 저항력을 높여서 스윙 포스(swing force)를 만들어 내라.

한때 골프는 정확성과 기교의 게임이었다. 그러나 오늘날의 골프는 파워 게임이다. 티샷을 멀리 날리지 못한다면 다른 선수들에 비해 큰 불이익을 감수해야 한다. 하지만 공을 더 멀리 날리기 위해서 근육질의 헐크가 될 필요는 없다. 파워는 결국 타이밍을 얼마나 잘 맞추느냐에 달려 있기 때문이다. 타이밍만 제대로 맞춰도 비거리를 20야드 이상 증가시킬 수 있다. 비거리를 결정하는 핵심 요소 두 가지는 스윙 폭과 클럽 헤드 속도다. 심지어 가장 약한 선수들도 스윙 전에 왜글을 몇 번 하는 것만으로도 훨씬 강한 샷을 날릴 수 있다. 비거리를 늘릴 수 있는 방법이 다음에 나와 있다.

L자형 포지션
백스윙의 중간 지점에서 포핸드와 클럽이 L자를 그리는지 확인하라. 백스윙 턴에 불필요한 저항력을 줄 필요 없이 팔목을 부드럽게 한다는 느낌을 가지기만 해도 제대로 된 동작이 나온다.

티에서 35

폭은 적정하게
많은 골퍼들이 '폭'이란 말에 혼란스러워하며 클럽을 쭉 뻗어 몸의 옆쪽으로 가져간다. 이런 자세는 회전을 방해한다.

팔목을 꺾지 말 것
이는 파워 손실로 이어지는 전형적인 실수다. 클럽이 몸에서 지나치게 먼 곳을 가리키게 된다.

공은 시야 안에 둘 것
어드레스에서 공 가까이에 클럽을 가져가 댈 때 클럽 헤드 상단 위로 적어도 공의 절반 정도는 시야에 들어와야 한다.

1. 강력한 플랫폼을 마련하라 : 역동적인 어드레스

파워풀한 골프 스윙을 위한 첫 단계는 안정적인 스탠스다. 발이 어깨보다 한 뼘 정도 넓게 벌어지게 하라. 멋지고 안정적인 스탠스를 위해 발은 약간 바깥쪽으로 틀고 무릎은 살짝 바깥쪽을 향하게 구부린다. 공은 티에 높게 얹고 매끄러운 테이크어웨이를 위해 드라이버를 겨눈다. 티가 높으면 타격 각도가 높아져 공이 더 오래, 더 멀리 날아가게 된다.

몸이 언코일(uncoils) 될 때
임팩트 순간 상체와 하체는 동시에 움직여야 한다.

무릎 사용
오른쪽 무릎을 이용하여 체중을 몸의 오른쪽으로 전환한다.

클럽 페이스는 직각으로
만약 오른쪽 발뒤꿈치가 들리지 않는다면 클럽 페이스를 직각으로 유지하기 위해 손목을 많이 사용해야 한다. 이것은 종종 스냅 훅으로 연결된다.

2. 임팩트 순간 : 들려진 오른쪽 발뒤꿈치-움직임의 타이밍

상체와 하체가 임팩트 순간 완전히 일치하여 회전할 때 가장 강력한 스윙이 된다. 완벽하게 타이밍을 맞춤으로써 최대의 힘이 공에 전달된다. 임팩트 순간 체중이 몸의 왼쪽으로 옮겨지면서 오른쪽 발뒤꿈치는 들려야 한다. 이때 오른쪽 무릎이 타깃과 대각선 방향으로 움직이도록 한다. 이렇게 하면 골반이 끊임없이 회전할 수 있고 몸의 무게 중심이 정확하게 다른 쪽으로 이동하게 된다.

가볍게 시작하라
숏 아이언으로 가볍게 하프 스윙을 해 본 뒤 전력 스윙 연습으로 진행한다.

손은 높게
클럽을 어깨 뒤쪽으로 높게 가져가는 피니시는 완벽한 균형을 유지할 수 있다.

수직으로 곧추 설 것
거울을 통해 몸이 한쪽으로 기울어지지 않고 정확히 뻗어 있는지 확인한다.

3. 강력한 스트라이크 : 강하게 타격하라
백을 이용해 타격력을 키운다

공을 높이 띄우고 싶으면 강하게 쳐야 한다. 마구잡이로 강하게 치는 대신 정확하게 계산된 강력한 샷을 날리라는 말이다. 커다란 콩자루나 임팩트 백을 놓고 전력 스윙을 연습하라. 이렇게 연습하면 몸의 왼쪽이 임팩트 방향으로 이동하는 것을 막을 수 있고 손목이 움직이는 것도 방지할 수 있다.

4. 피니시 : 균형을 유지할 것
몸은 왼쪽을 바라보고 수직을 유지

파워풀한 샷을 하는 선수들은 언제나 타깃을 향한 채 완벽하게 균형이 잡힌 자세로 피니시 한다. 이렇게 안정된 피니시를 유지할 수 있는 한 있는 힘껏 공을 때려야 한다. 체중은 몸의 왼쪽에, 몸은 지면과 수직을 유지한다. 만일 몸이 한쪽으로 기울게 되면 쓰러지거나 타깃 라인에서 벗어난 샷을 유발한다.

하체가 넓고 강력한 스윙을 지탱하지 못해서 코일을 잃게 된다.

 어드레스에서 무릎이 바깥쪽을 향하게 하고 회전하면서 무릎 사이의 간격을 유지하라.

스윙이 셋업부터 시작해 하나씩 토대를 쌓아 가는 것이라고 생각해 보자. 턴을 하기 위한 탄탄한 기초를 마련하는 것은 스윙 시 파워를 증가시키기 위한 필수적인 요소다. 이 과정에서 무릎은 중요한 역할을 한다. 양 무릎을 정확하게 구부리기만 해도 강력하고 일관성 있는 티샷을 날릴 수 있다. 만약 무릎 동작이 정확하지 않으면 백스윙 시 모든 코일과 회전력을 잃게 되고 공에 힘이 실리지 않는다.

다음 세 가지 동작을 정확히 연습해 보자.

1. 강력한 어드레스

어드레스에서 무릎은 밖을 향하고 있다. 이는 회전을 위한 탄탄한 토대가 되어 준다. 이것은 다른 스포츠도 대부분 마찬가지다. 당신이 복싱 선수라면 주먹을 날리기 전에 다리를 넓게 벌리고 안정되게 고정시킬 것이다.

2. 폭은 일정하게 유지

백스윙을 하면서 구부러진 무릎 사이의 폭을 일정하게 유지하도록 한다. 만약 왼쪽 무릎이 오른쪽 무릎 방향으로 무너지면 코일과 파워를 잃게 되므로 이를 주의한다.

3. 팔로 스루(follow through)

성공적으로 턴을 위한 기초를 다지고 백스윙 시 이를 유지했다면 타격과 팔로스루는 자연스럽게 이어질 것이다. 왼쪽 무릎을 단단하게 구부리고 오른쪽 무릎과 몸의 오른쪽으로 공을 따라가도록 하자.

스윙 리듬이 자연스럽지 않아 티샷 타이밍이 좋지 않고, 힘과 일관성이 없다.

 다음 네 가지 단계를 따라하면서 당신의 스윙에 템포를 부여하라.

골프 스윙은 매우 복잡한 상호 작용이어서 단 한 부분만 잘못돼도 전체가 흐트러져 버린다. 다음 네 가지 단계를 따라하면서 정확한 순서로 파워를 생성하는 방법을 알아 보자.

템포가 열쇠
파워를 키우기 위해서는 정확한 타이밍이 필수적이다. 클럽 헤드의 속도를 증가시키려면 상체와 하체가 완벽하게 동시에 언 코일되어야 한다.

파워 플랫폼 - 안정된 토대를 유지한다.
강력한 스윙은 강력한 자세에서만 나온다. 무릎의 움직임을 최소화하고 바디 턴에 대한 저항력을 증가시키기 위해 어드레스 단계에서 양 발을 넓게 벌려 땅을 굳게 디디도록 한다.

1. 저항력을 느껴라

회전력을 증가시키고 스윙력을 향상시키기 위해서는 반드시 무릎의 움직임을 최소화해야 한다. 백스윙 시 무릎 사이의 간격을 일정하게 유지하라.

2. 올바른 각도 유지

자세가 나쁘면 파워풀한 스윙은 꿈도 꿀 수 없다. 척추의 각을 유지하려 노력하고, 백스윙 탑에서 다운스윙하는 동안 오른쪽 무릎은 계속 구부린 상태를 유지하라.

3. 클럽의 뒤처짐

장타로 유명한 투어 프로들의 샷을 보면 마지막 타격 순간까지 손목이 꺾인 채로 클럽을 릴리즈하지 않는 것을 볼 수 있다. 이는 클럽 스피드를 향상시키는 데 매우 중요하다.

4. 벽을 쳐 보라

상체와 하체는 반드시 동시에 언코일되어야 한다. 임팩트 순간 몸의 왼쪽 부분에서 벽을 때릴 때의 느낌 같은 저항력을 느껴 보라. 머리와 가슴은 공의 앞으로 나가지 않도록 한다.

페어웨이에 안착하기가 어렵고, 그로 인해 점수가 깎인다.

 클럽 선택과 코스 파악에 더욱 신경 쓴다. 무엇보다도 당신의 야심이 능력과 조화를 이루도록 하라.

트러블을 피하기 위한 조준
어려운 티샷을 해야 할 상황이라면 앞에 놓인 해저드에 주의해야 한다. 드라이버로 마구 때려 보고 싶은 충동이 들 수도 있지만, 이 샷에 정말 많은 것이 걸려 있다는 점을 잊으면 안 된다. 공을 살짝 당겨 친다면 공이 바위 위에서 뛰놀게 될 것이다.

파4홀은 때때로 골프 코스에서 가장 어려운 홀이다. 골퍼들은 그린에 공을 안착시킬 기회를 잡기 위해 티에서 멀지 않은 페어웨이를 찾아야 한다는 것을 알고 있지만 넘어야 할 장애가 많아 작은 실수도 끔찍한 결과로 이어진다. 위압적인 티샷을 해야 할 때 생각 없이 드라이버를 들고 일단 때리고 보자는 생각은 절대 하지 말기를. 그린을 노릴 수 있는 보다 쉬운 대안이 있다. 적어도 파(Par)나, 최악의 경우 보기(Bogy) 정도로 위기를 벗어날 수 있다.

80타
이 위압적인 티샷은 완두콩의 껍질을 벗기는 것만큼이나 쉽다. 장타를 치는 것이 유리하며, 길고 일직선으로 공을 타격하도록 한다. 어프로치 샷을 셋업하기 위한 위치를 적극적으로 만들기 위해 공을 페어웨이의 오른쪽 사이드로 강하게 타격한다.

100타
일관성이 부족한 것이 당신의 아킬레스건이다. 신중하게 티샷해야 함에도 불구하고 마구잡이로 타격해 놓고 결과는 하늘에 맡기는 태도는 좋지 않다. 반드시 페어웨이에 안착시켜야 한다. 가장 안전한 방법은 로프트가 높은 롱 아이언으로 페어웨이의 오른쪽 면을 노리는 것이다. 당신의 오차 범위는 이곳에서 더 크다.

90타
장타가 묘수가 아니다. 공을 멀리 날릴 수는 있지만 올바른 방향으로 날리는가는 별개의 문제다. 로프트가 높은 페어웨이 우드가 가장 좋은 선택이다. 샤프트가 짧으므로 오류가 날 가능성이 줄어들고, 샷이 형편없다고 해도 그나마 괜찮은 결과가 나오며, 페어웨이에 안착하는 것도 수월하다.

100타 : 티 활용

샷을 쉽게 하기 위해 티를 약간 높게 꽂고 공을 놓자. 보다 깔끔하게 샷을 할 수 있을 것이다. 그립의 압력은 가볍게 유지한다. 올바른 그립 압력을 찾고 싶다면 클럽을 45도 각도로 몸 앞으로 뻗은 뒤 클럽을 위아래로 가볍게 튕겨 본다. 이 정도가 적당한 그립 압력이다.

100타 : 정확한 조준

정확하게 일직선으로 맞추는 것이야말로 가장 중요한 요소다. 멀리 떨어져 있는 페어웨이의 안전한 부분을 목표로 정하자. 이제 공의 뒤에서 타깃 방향을 바라보며 타깃과 당신의 일직선상 중간에 있는 지형을 하나 고른다. 클럽을 이곳에 조준하고 발은 이 직선과 평행으로 위치시킨다. 명심하라. 먼저 클럽 페이스를 정확히 조준한 뒤 몸을 이에 직각으로 맞추어야 한다.

90타 : 복잡하지 않게

필요 이상으로 티샷을 어렵게 할 필요는 없다. 드라이버 대신 3번 우드를 사용하면 정확성이 향상된다. 테이크어웨이 시 클럽은 지면과 밀착시키고(그림1) 등이 타깃을 마주보도록 어깨는 완전히 돌려 준다.

80타 : 공격할 시간

인생 최고의 강타를 날리고 싶다면 다음을 따라하라. 셋업 자세에서 골반이 약간 기울도록 자세를 잡고 스파인 앵글(허리 각)은 볼의 뒤로 살짝 젖혀 준다(그림1). 백스윙 시 무게 중심은 오른쪽으로 옮기고, 왼쪽 어깨가 오른쪽 슬개골 위에 위치하도록 턴한다.(그림2)

티에서 자꾸 공의 윗부분을 때린다.

 티펙(tee peg)을 드라이버의 손잡이 끝에 꽂아 넣고 스윙을 얕게 하기 위한 길잡이로 활용하라.

대부분의 탑 볼(topped shot)은 잘못된 스윙 경로로 인해 발생한다. 이를 수정하기 위해서는 클럽을 보다 인사이드로 가져와야 한다.

티펙 사용하기

확실히 공의 윗부분이 아니라 아랫부분을 타격하기 위해서 티펙을 드라이버 손잡이 끝부분의 구멍에 꽂는다. 스윙 탑에서, 그리고 다운 스윙 시에 티펙이 어디를 향하고 있는지 확인하라. 티펙은 공의 뒤쪽을 가리키고 있어야 한다. 공의 위나 아래를 가리키고 있다면 어깨가 팔의 앞쪽에 위치하고 있는 것으로, 공의 위쪽을 때리게 될 것이다. 티펙을 이용하면 보다 얕은 스윙 경로로 공을 멀리 때리는 데 도움이 된다.

티펙 레이저 점검하기
그립을 잡고 있을 때 티펙의 끝에서 레이저 광선이 나온다고 상상해 보자. 이 레이저 광선은 정확히 공의 뒤쪽을 가리키고 있어야 한다.

공이 드라이버의 크라운 위로 치솟는다. 끔찍하게 떠오르는 공이다.

 셋업 자세에서 무게 배분을 조정하라.

공쪽으로 몸이 기운 잘못된 자세
이 자세에서는 왼발에 과도하게 많은 무게가 실리게 된다. 그러면 몸이 오픈되고 체중 이동이 전혀 없는 가파른 스윙으로 이어진다. 가파르게 경사진 스윙으로 공을 타격하게 되어 공은 클럽 헤드의 위쪽 방향으로 높이 떠오른다.

오른쪽 어깨를 낮추며 무게 배분 조정
상체를 기울여 오른쪽 어깨를 왼쪽 어깨보다 낮게 위치시켜라. 이렇게 탄탄한 셋업 자세를 갖추면 다운워드(downward : 위에서 아래로 내리치는)가 아니라 업워드(upward : 아래에서 위로 올려치는) 스윙을 하기 쉬워진다.

티에서 만성적인 슬라이스가 나는데 고치기가 어렵다.

 앞 팔(왼팔)을 임팩트 전후로 어떻게 회전시켜야 하는지 배워 보자.

임팩트 전

감춰진 오른쪽 팔꿈치
오른쪽 팔꿈치는 오른쪽 골반 가까이에 깊숙이 숨겨져야 한다. 공을 타격할 때까지 팔을 펴지 않는다.

뒤쪽을 향한 엄지손가락
클럽이 임팩트 존으로 내려오는 동안 엄지손가락에 초점을 맞춰라. 가능한 한 오래 엄지손가락이 타깃 반대 방향을 향하도록 유지하라. 몸이 회전하면서 팔뚝과는 직각이 된다.

장갑 배지는 전방으로
다운스윙 중 장갑 배지는 앞쪽을 바라보도록 하고 타깃 라인과는 수직을 유지하도록 한다.

대부분의 아마추어 골퍼들은 클럽 페이스가 왼손의 뒷부분과 오른손 손바닥을 따라간다는 것을 알고 있다. 이런 연관성 때문에 많은 골퍼들이 공의 앞쪽이든 뒤쪽이든 장갑 배지가 가능한 한, 오래 동안 타깃 라인을 바라봄으로써 일직선으로 타격하려고 한다. 하지만 이것은 골프 페이스를 수직으로 유지하려는 생각에서 나온, 매우 잘못된 방법이다. 이런 자세는 팔이 회전하는 몸과 따로 놀게 함으로써 손목을 전혀 사용하지 못해 어설픈 타격을 유발하고, 공은 오른쪽으로 치우쳐 날아간다. 이 방법 대신 클럽 페이스는 마치 회전문처럼 지속적으로 돌면서 스퀘어 포지션을 관통해야 한다는 사실을 받아들여라.

공을 통과할 때

팔뚝은 서로 닿도록
사실 완전히 닿지 않을 수도 있다. 그러나 이렇게 생각하는 것이 공을 통과할 때 정확한 회전을 하는 데 큰 도움이 된다.

엄지손가락은 위로
팔뚝 회전이 제대로 된다면 손은 타격과 동시에 뒤집힐 것이다. 엄지손가락은 하늘을 가리켜야 한다.

낮은 손은 정면 방향
공에 접근하면서 장갑을 낀 손의 손등은 정면을 향하게 된다. 이 사진은 대칭으로 장갑을 낀 손의 손바닥이 정면을 바라보고 있다.

연습장에서는 공이 제대로 나가는데 코스에만 나가면 슬라이스가 난다.

 다음 세 가지는 당신이 코스에서 감을 되찾기 위해 할 수 있는 짧은 훈련이다.

깃발을 날려라
6피트 길이인 폴을 휘두르면 스윙 아크가 넓어지고 아웃-투-인 스윙을 구사하기가 거의 불가능해진다. 앞뒤로 스윙하는 동안 깃발이 휙 소리를 내며 지면을 스쳐가도록 한다.

손을 분리
그립을 잡을 때 손과 손 사이에 1인치 정도 간격을 둔다. 이렇게 손을 떨어뜨려 그립을 잡으면 팔뚝의 회전이 향상되고, 클럽 페이스를 수직으로 위치는 것이 쉬워진다.

왼발 뒤꿈치는 살짝 들어 올릴 것
왼발 뒤꿈치를 들어 올리게 되면 체중이 공의 뒤쪽으로 밀리게 된다. 따라서 팔이 방해 받지 않은 채로 스윙을 할 수 있다.

드라이버의 스윗 스팟(sweet spot)을 도저히 찾을 수가 없다.

 드라이버의 토우(toe) 쪽으로 어드레스하라.

높은 티에 공이 놓여 있을 때는 어드레스 시 반드시 드라이버의 토우 쪽으로 해야 한다. 타격 순간 클럽은 지면에서 떨어지게 된다. 타격 자세 그대로 클럽을 지면에서 들어 올려 보고 다시 내려놓아 보자. 클럽을 내리면 클럽 헤드가 발과 가까워지고 공이 클럽의 토와 직선상에 있는 것을 볼 수 있다. 어드레스 시 토우 부분을 공과 맞추면 실제 타격 시 드라이버의 중간에 공이 닿게 되고 공이 더 멀리 직선으로 날아갈 것이다.

어드레스 자세
공이 중앙에 맞도록 하기 위해 어드레스 시에는 드라이버의 토우와 공을 맞추도록 한다.

타격 시 자세
타격 자세에서 드라이버를 위로 들어 보고 다시 지면으로 내려놓아 본다. 드라이버를 내려놓았을 때 공이 토우 부분과 일직선을 이루는 것을 볼 수 있다.

페어웨이에서

이번 장에서 소개하는, 그린에 공을 안착시키기 위한 팁들은 코스에서 발생할 수 있는 모든 시나리오를 포함하는 것이다. 이 팁들을 숙지하면 버디를 더 자주 노릴 수 있게 될 것이다.

아이언 샷을 하는 데 힘과 관통력이 부족하고 공에 백스핀을 주지 않는다.

 공과 잔디를 연결하는 임팩트 존을 만든다.

이상적인 아이언 샷은 공과 잔디의 자연스런 연결선상에서 나온다. 공 앞의 잔디를 얇고 길게 깎듯이 친다. 스윙 시 클럽 페이스는 약간 아래로 기울어진 아크를 그리며 공에 닿고, 지면을 때리기 전에 공을 잠시 '묶어' 놓는다. 이렇게 샷을 하게 되면 팻 샷 확률이 줄어들고 공이 일직선으로 날게 하는 역회전을 먹일 수 있게 된다. 공은 높게 떴다가 가파르게 착지한다. 이렇게 할 수 있는 네 가지 테크닉이 아래에 제시되어 있다.

1. 손을 앞으로 : 셋업 자세에 집중

공-잔디 타격은 다운워드 스윙이 필요하다. 셋업 단계부터 이를 준비하도록 한다. 공은 몸의 정중앙에 놓고 왼팔과 클럽 샤프트는 일직선으로 만든다.

2. 손목을 이용 : 한손으로 연습

손목을 꺾어 주면 다운워드 타격이 원활해진다. 그림에서처럼 오른 손으로 왼손을 받쳐서 정확한 움직임을 느껴 보라. 백스윙을 할 때 클럽은 꺾여서 L자 모양이 된다.

3. 오른 발꿈치 들기 : 체중 이동은 앞으로

임팩트 시 체중이 공의 앞쪽에 있어야 낮고 강한 타격이 쉬워진다. 클럽이 공에 접근할 때 오른 발꿈치를 들어서 무게 중심을 앞으로 이동시킨다.

4. 피니시를 미리 그려 보기 : 균형 잡힌 스윙

미리 올바른 피니시를 결정해 두면 그에 맞춰 전체적으로 보다 나은 스윙을 할 수 있다. 머리가 당신의 왼발 위에 위치한 피니시를 그려 보라. 이 자세는 균형이 잘 잡히고 무게 중심이 앞발로 이동한 자세다.

자꾸 공이 그린 왼쪽으로 휘어져 날아간다.

 슬라이스의 개념을 정확히 이해하고 타깃 라인에 맞춰 스윙을 한다.

백스윙
백스윙 탑에서 클럽이 타깃의 왼쪽 방향을 향하고 있다.

다운스윙
상체가 손의 앞에 위치해 있고 팔은 떨어지고 있다.

임팩트
클럽이 공에 닿는 순간 타깃 라인을 가로지르게 된다.

땅에 클럽 페이스와 공, 타깃을 연결하는 직선이 그려져 있다고 생각해 보자. 클럽이 이 라인을 벗어났다가 타깃의 왼쪽 방향으로 스윙을 하면 슬라이스가 난다. 클럽이 왼쪽 방향으로 가로지르면서(조준은 오른쪽) 클럽 페이스가 이를 상쇄하기 위해 열리게 된다. 로프트가 높은 클럽을 사용하면 스윙이 좋지 않아도 공이 제대로 날아가는 것처럼 보일 수 있다. 하지만 드라이버를 집어 들면 가차 없이 슬라이스가 날 것이다. 슬라이스를 방지하기 위한 첫 번째 단계는 타깃 라인과 정확히 일치하는 스윙 모습을 이해하는 것이다. 아래의 두 그림은 각각 바람직한 동작과 그렇지 않은 동작을 나타낸 것이다.

다운스윙
다운스윙을 시작하기 위해 무릎은 타깃 방향으로 이동

백스윙
탑에서 클럽은 정확히 일직선으로 타깃을 향해야 한다.

임팩트
일직선으로 날아가는 샷을 위해서 클럽은 타깃에 스퀘어 된 채로 공을 타격해야 한다.

페어웨이에는 도달했으나 공과 그린 사이에 나무가 있다.

 당신의 실력에 따라 나무의 위, 아래, 옆 중에서 올바른 선택을 하도록 한다.

낮은 샷
100타

플레이
나무 옆으로 공을 보낼 경우 공이 멀리 가지 못할 것이다. 반면에 공을 높게 치면 공이 나뭇가지에 걸릴 위험이 있다. 가장 안전하고 간단한 방법은 공이 나뭇가지 아래로 날아가도록 샷을 낮게 날리는 것이다.

클럽
4번이나 5번 아이언을 사용한다. 공이 머리 높이 이상 올라가면 안 되므로 로프트가 낮은 클럽들이 유용하다.

낮게 아래로
손목은 고정한 채 짧고 강력한 스윙으로 공이 나뭇가지 밑으로 빠르게 통과하도록 한다.

1. 그립은 짧게

짧은 스윙을 해야 하는데 아이언이 길면 클럽 페이스를 컨트롤하기가 어렵다. 그러면 아이언을 줄이면 된다. 바로 1인치(2.54cm) 정도 그립을 짧게 잡는 것이다. 공은 몸의 중앙에 위치시켜서 공을 낮게 날릴 수 있도록 살짝 다운워드 타격을 하도록 한다.

2. 짧은 것이 좋다

이번 샷은 거리가 아니라 컨트롤의 문제다. 백스윙은 3/4지점까지만 하고 체중 이동은 없는 상태에서 팔과 손으로만 스윙하도록 한다. 어려울 것 없이 그림과 같이 왼팔과 클럽 샤프트가 L자 모양을 그리도록 하면 된다.

3. 왼손 손목 고정

손목을 단단히 고정시키지 않으면 손이 움직여 클럽 페이스에 로프트를 더하게 되고 이는 공이 높게 치솟는 결과로 이어질 것이다. 스윙 내내 손목은 움직이지 않도록 단단히 고정시켜라. 스루 스윙은 짧게 하고 왼팔과 클럽 샤프트가 일직선이 된 자세로 피니시한다.

높은 샷
90타

플레이
당신의 실력으로 공을 하늘로 높이 띄우는 것은 어렵지 않을 것이다. 공이 나무를 훌쩍 뛰어넘도록 높게 샷을 하도록 하자.

클럽
클럽의 선택은 보통 나무의 높이에 따라 결정되지만 굳이 아슬아슬한 샷을 할 필요는 없다. 8번 아이언으로 충분하다는 생각이 들면 9번 아이언을 사용하라.

멀리 쓸어내듯이
공은 몸보다 앞쪽, 왼발 안쪽에 위치시킨다. 클럽을 지면에 가깝게 유지해서 스윙이 넓은 아크(arc)를 그리며 쓸어내듯이 타격을 하도록 한다.

높게 위로
스윙 시 뒷발 발꿈치가 지면과 밀착하도록 하여 체중이 앞으로 쏠리는 것을 방지하라.

체중 분배는 50-50
대부분의 경우 스윙이 공을 지나면서 당신의 체중은 몸 앞쪽으로 이동할 것이다. 그러나 이번에는 다르다. 체중이 몸 좌우에 균등하게 분배되도록 하라. 오른발 발꿈치를 지면에서 떼지 말고 머리도 고정시킨다.

커브 볼
7번 아이언을 사용하여 정확하게 셋업하고 나서 왼쪽에서 오른쪽으로 가파르면서 깔끔하게 들어 올렸다가 스윙한다.

라인 그리기
공이 이동해야 할 경로를 미리 그려 보고 그 경로에 스퀘어로 셋업을 한다. 공은 몸 앞에 위치시켜서 스윙이 밖에서 안으로 향하는 경로를 따르도록 한다. 클럽 페이스는 그린을 조준한다.

가파른 각도의 샤프트
백스윙 시 클럽을 수직으로 들어올린다. 손목을 충분히 꺾어 주어서 왼쪽 어깨는 지면에 수평으로, 샤프트는 지면에 대해 수직으로 서도록 한다.

페이드샷
80타

플레이
낮은 샷을 하고자 한다면 공이 떴다가 지면으로 가파르게 떨어지는 샷을 해야 한다. 나뭇가지와 지형을 고려한 샷을 하자. 왼쪽에서 오른쪽으로 휘는 페이드 샷이 필요하다.

클럽
7번 아이언이나 그보다 한 단계 높거나 낮은 아이언을 사용한다. 공에 사이드스핀을 주어야 하는데, 클럽 페이스가 똑바를수록 이것이 쉬워진다. 샷이 짧다면 더 긴 클럽을 사용하고 스윙을 줄이도록 하라.

오른손 손바닥은 그립 아래
클럽 페이스가 뒤집히지 않는 것이 필수적이다. 피니시 자세에서 오른손 손바닥이 그립의 아래에 위치하고 장갑의 마크는 하늘을 향하도록 하라.

공이 페어웨이에는 안착했으나 가파른 경사에 떨어져 있다.

 경사를 거스르지 않고 경사를 따라서 유유히 흐르는 스윙을 위한 셋업을 하라.

오르막 경사

1. 오르막 경사의 자세
비탈을 따라 몸을 기울인다. 어깨는 지면과 평행을 이루어야 하고 체중은 몸의 오른쪽에 싣도록 한다. 공은 몸보다 약간 앞에 위치시킨다.

2. 드로우(draw) 구질을 상쇄
이 자세는 몸의 움직임을 제한하는 경향이 있기 때문에 팔이 몸보다 앞서나가고 클럽 페이스기 닫히는 현상이 발생한다. 이를 미리 고려하여 약간 오른쪽으로 조준하도록 하자.

3. 피니시는 짧게
오르막 경사이므로 오른쪽에서 왼쪽으로 휘는 드로우 구질이 발생하기 쉽다. 팔로스루 단계에서 팔이 짧게 회전하도록 해서 컨트롤을 강화하고 3/4의 스윙을 하도록 한다.

내리막 경사

1. 경사에 자세를 맞추기

앞서와 같이 경사도를 따라 몸을 기울이고 어깨는 지면과 평행이 되도록 한다. 체중은 몸의 왼쪽에 실려야 한다. 공이 몸보다 약간 뒤에 위치하게 해 깨끗한 타격을 유도한다.

2. 경사를 따라가는 샷

내리막 경사에서 공은 낮은 비행 궤도를 그리게 된다. 평소에 사용하는 것보다 로프트가 한 단계 높은 클럽을 사용하도록 하자. 공을 높게 띄우는 일은 클럽 페이스의 역할이니 굳이 애쓰지 말자.

3. 몸은 공을 따라

공을 쓸어내면서 몸의 균형을 잃는 것을 두려워하지 마라. 가파른 경사에서 균형을 잃는 것은 어쩔 수 없는 것이다. 오직 스윙 시 체중이 완전히 몸의 왼쪽에 실리게 하는 데만 집중하라.

공이 계속 클럽의 샤프트와 헤드가 만나는 지점인 생크에 닿아서 페어웨이를 가로질러 날아간다.

 백스윙 경로를 개선하기 위해 셋업을 보다 안정시켜라.

생크가 발생하는 이유는 클럽이 공에 접근할 때 심한 인-아웃 궤도를 그려서 클럽의 힐 부분이 공에 닿기 때문이다. 이 문제의 원인은 보통 셋업 자세가 정확하지 못해서 스윙이 좋지 않은 경로를 그리기 때문이다. 어드레스 시 체중이 지나치게 앞쪽, 발가락 쪽에 실려 있으면 백스윙 자세가 무너지게 된다.

클럽을 뒤로 뺄 때 오른쪽 다리를 구부리지 않고 쭉 펴고 있으면 안 된다. 왜냐하면 클럽이 몸의 뒤쪽으로 깊이 빠지는 안쪽 경로를 따르게 되고 스윙할 때도 이와 마찬가지로 방향이 심하게 어긋난 궤적을 그리기 때문이다.

생크의 확실한 표시
오른쪽 다리가 쭉 뻗어 있으면 몸이 공 방향으로 쏠릴 수밖에 없다. 클럽은 몸의 뒤쪽으로 극단적인 인사이드 스윙 궤도를 그리게 된다.

체중은 몸의 중앙에

생크를 방지하기 위해 어드레스 시 체중 배분을 연습하라. 공이 양 발 중앙에 놓인 상태에서 체중을 앞뒤로 조금씩 움직여 본 뒤 안정된 체중 배분 지점을 찾도록 한다. 어드레스 자세가 안정되면 클럽이 완벽한 궤도를 따라 움직일 것이다.

바람직한 균형과 자세
어드레스 시의 정확한 자세와 각도를 스윙 내내 유지하도록 한다. 몸이 공 쪽으로 쏠리면서 자세가 무너지지 않도록 하라.

체중 배분은 균등히
완벽한 균형을 찾기 위해 체중을 발을 중심으로 앞뒤로 조금씩 이동시켜 본다. 체중의 대부분이 발의 볼록한 부분에 실리게 되는 적절한 중간 지점을 찾을 수 있을 것이다.

공이 오래된 디봇(잔디 속)에 빠졌다.

 공을 몸을 기준으로 약간 뒤에 위치시키고 가파른 스윙으로 타격한다.

당신의 페어웨이의 정중앙에 떨어지는 완벽한 샷을 했다. 그러나 공을 따라가 보니 실망스럽게도 깊은 디봇 속에 아늑히 자리를 잡고 있다. 골프에서는 공이 어떤 상태든 그대로 쳐야 하는 것이 규칙이므로 공을 움직일 수 없다. 다음 다섯 단계를 따르도록 하자.

1. 컨트롤 확보
평소보다 한 단계 높은 클럽을 고르고 손바닥 하나 크기 정도 그립을 짧게 잡아 컨트롤을 강화한다.

2. 공은 약간 뒤로
공은 몸 중앙보다 몇 인치 정도 뒤에 위치시켜서 클럽을 가파른 각도로 들어 올리고 스윙하도록 한다. 공을 깨끗하게 타격할 수 있는 방법이다.

3. 무게 중심은 앞으로
당신의 체중은 뒷발보다 앞발에 더 많이 실려 있어야 클럽 헤드가 공보다 지면에 먼저 부딪치는 상황을 방지할 수 있다.

4. 손의 위치
공을 타격하는 순간 손이 클럽 헤드보다 앞에 위치해야 한다.

5. 디봇 파고 들어가기
클럽이 디봇을 파고 들어가 디봇 속에 또다른 디봇을 생성해야 한다.

페어웨이에서 **67**

디봇 전략
클럽이 디봇에 다다르기 전에 공의 뒤쪽을 가파른 각도로 타격하도록 한다.

아이언 샷에서 계속 공을 얇게 친다. 공에 그것을 보여 주는 뚜렷한 흔적이 있다.

 공을 인위적으로 띄우려고 하지 마라. 체중은 몸의 앞쪽에 실어서 다운워드 타격이 쉬워지도록 한다.

오래 된 공들을 멀리 던져 버리기 전에 공에 새겨진 흠집을 자세히 살펴보라. 만약 그 공에 선명한 스마일 자국이 있다면 공을 정확하게 치지 않았다는 명확한 증거다. 실력 있는 골퍼들은 공의 아랫부분(지면과 맞닿아 있는 부분)을 타격한다. 반면 실력이 떨어지는 골퍼들은 공의 중간에서 상단 부분을 얇게 타격해서 공이 낮게 날아가게 만든다. 다음 페이지에 왜 이런 현상이 발생하는지, 그리고 이 문제를 어떻게 해결할 수 있는지에 대한 간단한 설명이 있다.

원인이 무엇인가?

클럽이 공의 중앙 상단 부분에 닿아서 공에 못생긴 흔적을 남기고 공이 낮은 비행 궤적을 그리게 만든다.

왜 이런 문제가 발생하는가?

일반적으로 공을 인위적으로 띄우려고 하다가 이런 현상이 발생한다. 이렇게 하면 체중이 몸의 오른쪽에 실리게 되고 클럽이 공을 타격하는 순간 손목이 꺾이게 된다.

어떻게 방지할까?

클럽이 공의 아랫부분을 정확히 타격해서 강력한 컨트롤과 정확성으로 공이 뜨도록 해야 한다.

반드시 해야 할 일

공을 띄우는 일은 클럽 페이스의 로프트가 알아서 해 줄 것이니 믿어라. 체중은 몸의 앞에 실어서 낮게 떨어지는 타격이 나오도록 한다.

페어웨이에서 습관적으로 클럽이 공에 닿기 전에 지면에 먼저 부딪친다.

 머리의 움직임과 체중 이동을 보다 유연하게 한다. 머리가 고정되어 있으면 이런 현상이 발생하기 쉽다.

골프에서 가장 널리 받아들여지고 있는 잘못된 방법 가운데 하나가 공을 제대로 치기 위해서는 머리를 움직이면 안 된다는 것이다. 이것은 말도 안 되는 법칙이다. 스윙 시에 머리를 유연하게 움직여 주지 않으면 클럽이 공에 닿기 전에 지면을 강하게 내리치는 팻 샷을 포함해 여러 가지 잘못된 샷을 하게 된다. 다행히도 이에 대한 쉬운 해법이 있다.

잘못된 믿음
백스윙 시 머리가 움직이지 않으면 다운스윙 시 몸이 공쪽으로 쏠리게 된다. 그러면 클럽이 과도하게 가파른 각도로 지면을 향하게 된다.

공을 쓸어내듯이
공을 깨끗하게 타격하기 위해 몸을 훈련하는 방법은 간단하다. 공을 쓸어내듯이 스윙하는 법을 익히는 것이다. 티를 조금 높게 꽂아서 공의 위치를 높이면 이 느낌을 쉽게 익힐 수 있다.

1. 잘못 : 몸을 기울인다
   －딱딱하게 굳은 자세

머리가 움직이지 않으면 다운스윙 시 몸이 숙여져서 클럽이 지면을 때리게 된다. 이것을 방지하기 위해 거울 앞에서 스윙을 연습하라. 스윙 전반에 걸쳐 몸의 높이가 유지되도록 하라. 거울에 당신의 턱 높이까지 선을 그려서 머리의 높이를 측정해 보는 것도 한 방법이다.

교정 : 티를 높게 꽂는다

티가 지면에 살짝만 파묻힐 정도로 높게 꽂도록 하자. 그 다음 7번 아이언이나 비슷한 급의 미들 아이언을 공의 뒤에서 띄워 친다. 목표는 티를 쓰러뜨리지 않고 공을 깨끗이 타격하는 풀 스윙을 하는 것이다.

2. 잘못 : 체중 이동이 없다
   －손이 심하게 꺾이다

그림을 보면 머리는 움직이지 않고 공을 향해 고정시키고 있고, 몸의 오른쪽 부분은 충분히 움직이지 않았다. 또한 체중도 몸의 왼쪽으로 이동하지 않았다. 이렇게 되면 클럽을 스퀘어하기 위해 손이 심하게 꺾이게 된다. 체중 이동을 제대로 하면 클럽의 움직임이 원활해지면서, 이번 샷을 성공시키기 위한 정확한 로프트를 실어 줄 수 있다.

교정 : 완벽한 피니시 자세－앞서 예상해 보라

당신의 목표는 체중이 완전히 몸의 왼쪽에 실린 상태에서 타깃을 향해 팔로스루하고 타깃을 바라본 채 그림과 같은 완벽한 자세로 피니시하는 것이다. 오른발이 세워져 있는 것은 체중이 앞으로 이동해 있다는 확실한 증거다.

페어웨이 우드를 사용할 때 공이 들쑥날쑥한 비행 궤적을 그린다.

 넓고 쓸어내는 자세를 익혀라. 매끄러운 테이크어웨이가 그 시작이다.

페어웨이 우드의 정확한 스윙 아크는 둥그런 원으로 야구 투수의 그것과 유사하다. 올바른 스윙 아크를 그리기 위한 첫걸음은 느리고 매끄러운 테이크어웨이다. 클럽이 당신의 뜻대로 정확하게 움직이도록 하기 위한 완벽한 리듬도 필수적이다. 아래에 당신이 이러한 기술들을 체화시킬 수 있도록 간단한 훈련법이 나와 있다.

1. 공을 뒤로 밀어내기

페어웨이의 이상적인 테이크어웨이는 어깨가 회전할 때 클럽 헤드가 지면과 가깝게 내려와 있는 것이다. 셋업 단계에 공을 클럽 헤드의 바로 뒤쪽에 놓아 보자. 테이크어웨이를 하면서 공을 뒤로 밀어내야 한다.

2. 뒷발은 더 뒤로 빼기

페어웨이 우드의 스윙은 다른 스윙보다 더욱 원형을 그린다. 당신의 근육들이 이런 스윙을 할 수 있도록, 공을 타깃에 스퀘어로 어드레스하고, 뒷발은 몇 인치 정도 뒤로 끌도록 한다. 이러면 골반의 회전 반경이 넓어진다.

3. 클럽을 뒤집어 훈련하기

매끄러운 템포를 갖고 닦기 위한 한 가지 훈련법이 있다. 클럽을 뒤집어서 클럽 헤드 밑에 그립을 잡는다. 이제 클럽을 앞뒤로 스윙해 본다. 그립이 약할수록 클럽 헤드의 무게가 무겁게 느껴지고 보다 원활하게 움직이는 것을 느낄 수 있을 것이다.

장거리 샷을 해야 하는데 바람이 역풍이다.

 드라이버가 제 역할을 할 차례다. 공은 드라이버의 로프트가 띄운다는 사실을 믿어라.

과감하면 보답을 받는다. 세계적인 베스트 골퍼들은 언제라도 기회가 있으면 과감한 샷을 한다. 이것이 바로 현대 골프의 특징이다. 정확성과 기교는 예전보다 중요치 않다. 파5번 홀에서 장거리 샷을 해야 할 때 드라이버로 그린을 공략해 보자. 생각하는 것보다 훨씬 쉬울 것이다.

바람이 역풍일 때
드라이버로 확실한 타격을 위해 쓸어내는 동작의 스윙 모션이 필요하다.

1. 셋업 자세

일반적인 티샷을 하는 것처럼 공을 위치시키는 것으로 시작한다. 위치는 왼쪽 발의 바로 안쪽이다. 손은 클럽과 일직선을 유지하고 클럽보다 앞서지 않도록 주의한다. 그러면 클럽의 로프트가 떨어져 탑 샷이 나올 확률이 높기 때문이다. 이번 샷은 공을 위나 아래로 보내는 것이 아니라 앞으로 보내는 것이 목표라는 점을 항상 명심하라.

2. 쓸어내는 스윙 아크

이번 샷을 잘 치기 위해서는 쓸어내는 형태의 스윙 모션이 필요하다. 클럽을 뒤로 뺄 때 클럽 헤드가 잔디의 끝부분을 살짝 스치도록 하라. 마치 야구의 투수처럼 약간 몸의 주위를 도는 스윙을 하도록 한다. 클럽이 떨어질 때 오른쪽 팔꿈치가 몸의 옆으로 빠지도록 놔두면 클럽이 인사이드 궤도를 그리면서 좁은 아크를 그리며 공을 타격하게 된다.

왜 드라이버인가

대부분의 드라이버들은 최소 9도의 로프트를 갖고 있어서 3번 우드를 사용할 때와 마찬가지로 데크에서 공을 띄워 바람에 싣지 못할 이유가 없다. 따라서 굳이 인위적으로 공을 띄우려고 노력할 필요가 없다. 당신은 그저 클럽의 로프트가 공을 띄울 수 있다는 것을 믿기만 하면 된다.

100야드 이내에서

이 장에 실린 팁들과 훈련법들은 당신이 단거리에서 샷을 하는 데 어떤 문제를 갖고 있든 자신감을 갖게 하는 스코어링 존(scoring zone)에 입성할 수 있도록 도와줄 것이다.

피치 샷을 할 때 손의 움직임이 많아 거리 조절이 잘 안 된다.

 체중 이동을 줄이고 손을 잠재우기 위해 허리 각도를 유지하라.

훌륭한 피칭을 하는 골퍼들은 계속해서 핀 높이에서 공을 타격한다. 이는 스윙 내내 클럽 페이스의 로프트를 일정하게 유지하고 있기 때문이다. 문제는 이렇게 로프트를 일정하게 유지하지 못하고 클럽에 로프트가 더해지거나 줄어들 때 발생한다. 이를 해결하기 위한 첫 번째 열쇠는 움직임을 단순하게 하는 것이다. 또 두 번째는 손의 움직임을 최소화 하는 것이다. 다음 네 가지 훈련법이 당신의 피칭 거리 조절을 향상시키는 데 도움을 줄 것이다.

컨트롤
스윙 내내 클럽 헤드가 스퀘어 상태에 있도록 한다. 이는 곧 당신이 계속해서 일정한 양의 로프트를 적용한다는 것을 의미하므로 스윙의 일관성이 크게 향상될 것이다.

자세는 고정
과도한 체중 이동을 방지해야 정확한 타격을 할 수 있다. 허리 각도를 유지해서 클럽의 로프트를 잃지 않도록 하자.

1. 체중은 몸의 왼쪽으로
가슴에서부터 클럽을 내려뜨려서 클럽이 자연스럽게 공 약간 앞에서 흔들리도록 한다. 이렇게 하면 체중이 크게 이동하는 것을 방지하여 스윙 시 파워보다 컨트롤에 중점을 둘 수 있다.

2. 손목 활용
손목을 적극적으로 꺾어 주는 것을 두려워 말라. 이를 통해 보다 좁고 컨트롤 된 스윙을 할 수 있다. 체중 이동을 유발할 수 있는 넓은 아크를 그리는 스윙은 피하도록 한다.

3. 각은 직각
셋업 시 허리 각도를 유지하도록 한다. 몸을 펴면 클럽 페이스가 닫혀서 페이스가 로프트를 잃게 된다. 허리를 더욱 굽히면 페이스가 오픈되어 로프트가 더해진다.

4. 가슴으로 이끌어라
손이 아니라 몸이 회전할 때 클럽 헤드를 릴리즈하도록 한다. 가슴이 완전히 회전하면서 팔을 이끄는 것을 느껴라. 몸이 회전할 때 릴리즈하면 손의 움직임을 최소화할 수 있다.

임팩트 순간 클럽이 감속되어 불규칙적인 타격이 발생한다.

 다운워드 타격을 촉진하기 위해 앞발에 체중을 싣고 백스윙은 짧게 하라.

일반적인 실수
공을 하늘로 띄우려는 마음을 가지고 스윙을 하면 좋지 않은 피칭이 나온다. 클럽에 로프트를 더하기 위해 손을 공 밑으로 던지는 동작을 하면 공의 중간 윗부분을 치게 된다. 또 다른 문제는 체중을 지나치게 몸의 오른쪽 부위에 실을 때 발생한다. 클럽이 손보다 앞서 움직이게 되고 공을 타격하기 전에 땅을 먼저 때리게 되는 것이다.

클럽에 맡겨라
공을 띄우기 위해서 타격 시 손을 꺾지 않는다.

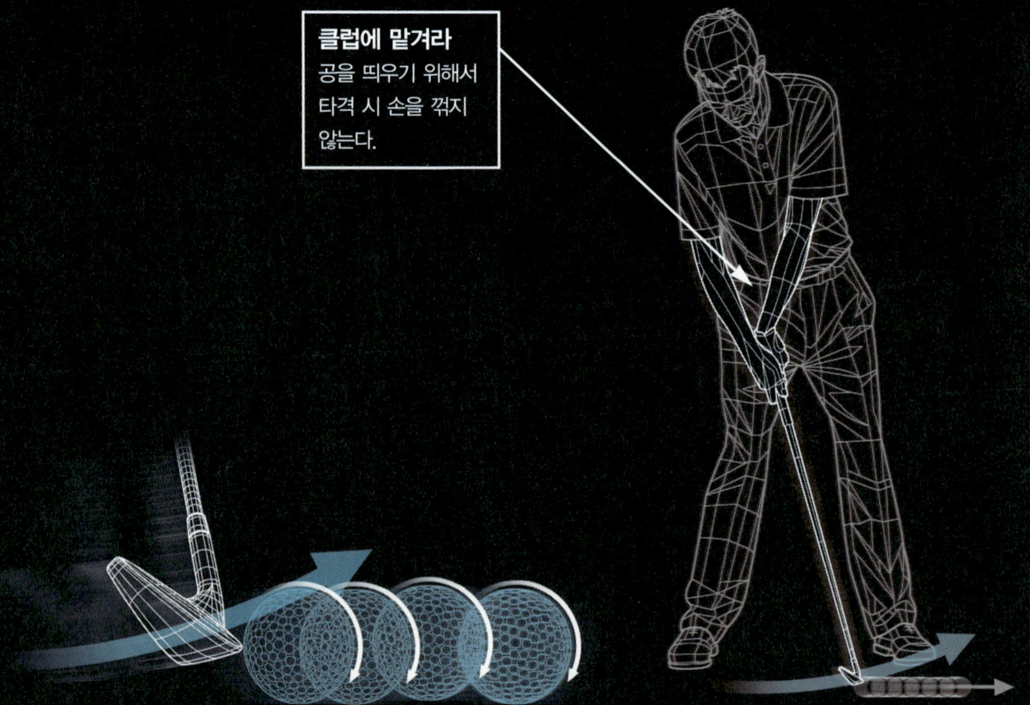

클럽이 임팩트 순간 감속되면 좋지 않은 피칭이 된다. 이것이 발생하는 이유는 백스윙이 지나치게 길어서 과도한 타격을 할까 봐 타격 시 순간적으로 몸을 움츠리기 때문이다. 지나치게 두껍거나 얇은 피칭을 방지하기 위해서 어드레스 단계와 스윙 전반에 걸쳐 무게는 앞발에 싣도록 한다. 자세는 안정되게 유지해서 클럽이 다운워드 각을 그리도록 한다.

두 번째로 백스윙 시 절반 지점에서 손목을 꺾어서 샤프트가 팔뚝과 90도의 각을 그리도록 한다. 스윙 내내 이렇게 손이 꺾인 자세를 유지하라.

마지막으로 완전한 팔로스루를 하도록 한다. 만약 스루 스윙을 지나치게 짧게 하면 계속 짧은 타격을 하게 된다.

완벽한 피칭 액션
올바른 피치 샷은 공의 뒤쪽을 추호의 의심도 가지지 않고 강력하게 타격하는 것이다. 처음에 체중을 앞발에 싣고 스윙 내내 이를 유지하도록 한다. 클럽이 공으로 떨어질 때는 가파른 각도로 떨어져서 공을 지면에서 튕겨내야 한다.

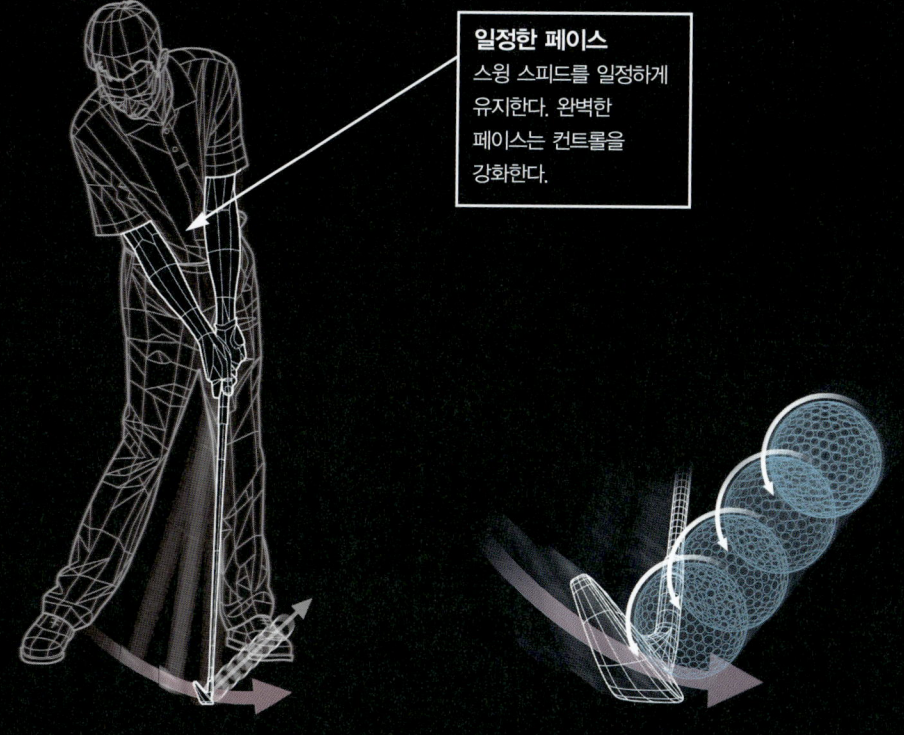

일정한 페이스
스윙 스피드를 일정하게 유지한다. 완벽한 페이스는 컨트롤을 강화한다.

팔과 몸이 서로 따로 놀아 피칭 컨트롤에 실패한다.

 타월을 팔과 몸 사이에 끼워 넣고 연습한다.

1. 셋업을 단순화하라

힘을 뺀 셋업 자세를 취한다. 팔은 몸의 양쪽에 붙어 있어야 한다. 골프 타월 한 장을 팔 사이에 끼우고 떨어지지 않도록 팔로 압박하도록 하자.

곧고 좁은 자세
양발의 간격을 손바닥 하나 크기 정도로 좁히고 왼발을 바깥쪽으로 살짝 꺾으면 어깨 회전이 쉬워진다.

100야드 이내에서 **83**

2. 삼각형을 유지

백스윙은 콤팩트하게 느껴져야 하고 몸의 모든 부위가 일치하여 회전해야 한다. 타월이 팔 사이에 단단히 끼워져 있도록 해서 정확한 느낌을 익힌다. 이렇게 하면 팔과 몸 사이에 정확한 삼각형이 그려져 통일감과 컨트롤 능력이 향상된다.

팔은 몸에 가깝게
어깨와 골반을 같이 움직여서 백스윙을 짧고 콤팩트하게 유지하라. 타월을 떨어뜨리면 안 된다.

3. 스윙도 같은 느낌으로

역시 타월이 바닥으로 떨어지지 않도록 한다. 스루 스윙 시 공을 타격하는 순간 팔이 지속적으로 몸에 가깝게 붙어 있게 하는 좋은 방법이다. 피니시 자세에서 클럽은 타깃을 향해 완벽한 정확성을 기하도록 한다.

콤팩트한 스윙
스윙하면서 팔 자세를 무너뜨리지 말고 팔을 몸에 가깝게 붙이면 스윙을 컨트롤하기가 쉬워진다.

워터 해저드를 넘겨야 하는데 신경이 곤두선다.

 큰 근육 컨트롤을 강화하기 위해 축구공을 가지고 연습하라.

워터 해저드는 정신적으로 압박감을 줄 수 있다. 공이 물에 빠질까 봐 두려운 마음에 어설프고 뻣뻣한 스윙을 하게 된다. 대부분의 경우 공이 물에 빠지는 이유는 손과 팔의 세세한 근육 탓이다.

긴장된 상태로 스윙을 할 때 손목이 움직이기 때문에 클럽이 공보다 먼저 지면을 때리게 된다. 이것을 방지하기 위해서는 클럽을 확실히 스윙하기 위해 큰 근육을 다루는 법을 배울 필요가 있다. 축구공이 도움이 된다.

두려움의 원인
워터 해저드를 앞에 두면 긴장되어 평소보다 뻣뻣한 스윙을 하게 된다.

1. 자세 조정

일반적인 자세를 취하되 골반에서부터 몸을 약간 기울이고 무릎도 살짝 구부려 준다. 양팔은 앞으로 쭉 뻗어 양손으로 축구공을 쥔다.

2. 완전한 어깨 턴

공을 뒤로 스윙할 때 왼쪽 어깨가 턱 밑으로 온다. 축구공이 무게가 있어서 어깨를 완전히 회전시키기 수월할 것이다. 또한 축구공을 쥐고 있기 때문에 손목이 꺾이지 않는다.

3. 스루 임팩트

공을 임팩트 지점으로 가져간다. 체중은 몸의 왼쪽에 싣고 팔뚝이 돌아가면서 공을 돌린다. 몸의 큰 근육들이 통제되고 손목이 고정되는 느낌을 잘 기억하도록 하자.

높은 샷을 해야 하는데 지형이 내리막 비탈이다.

 경사를 따라 스윙을 하고 공 밑에서 클럽 페이스를 릴리즈 한다.

내리막 경사에서의 샷은 어렵다. 가파른 경사 외에도 그린의 가장자리에 떨어져 있는 공의 위치가 문제다. 이 샷을 성공시키는 유일한 방법은 공을 높게 띄운 뒤 부드럽게 착지시키는 것이다. 이 샷은 위험도가 매우 높으며 부단한 연습만이 살 길이다. 충분히 시간을 투자할 만한 가치가 있다.

머리는 낮게
내리막 경사에서 몸이 앞으로 쏠리기 때문에 샷을 하면서 몸이 떠서 균형을 잃기 쉽다. 중력의 작용을 상쇄하기 위해 무릎을 더욱 구부리고 시선은 타격이 끝날 때까지 지면을 바라보도록 한다.

핸드 릴리즈
클럽이 공의 밑으로 미끄러지기 위해서는 손은 반드시 클럽을 릴리즈해서 스윙스루 시 클럽 페이스가 하늘을 향하도록 해야 한다.

1. 자세를 넓혀라

안정된 스탠스를 할 필요가 있다. 양발 간격을 넓히고 무릎을 많이 구부려 준다. 체중은 경사를 따라 아래쪽에 위치한 다리에 싣는다. 경사와 다투려고 하지 말라. 조준은 약간 왼쪽으로 한다.

2. 가파르게 들어올리기

로프트가 가장 큰 클럽을 꺼내서 클럽 페이스를 열고 낮게 그립을 잡는다. 클럽을 짧고 가파르게 들어 올리고 손목을 충분히 꺾어서 경사면에 걸리지 않도록 한다.

3. 내리막 방향으로 스윙

클럽 페이스가 넓게 열린 상태에서 클럽은 공의 아래로 미끄러지게 된다. 클럽이 핀 방향으로 휘둘러지게끔 내버려 두라. 이 샷의 핵심 열쇠는 무엇보다도 확신을 가지고 스윙하는 것이다.

그린이 좁은데다가 앞에 벙커가 버티고 있다.

 벙커 샷을 하는 것처럼 셋업을 하고 페이스는 오픈한다. 그리고 확신을 갖고 스윙을 하라.

날카로운 샷으로 유명한 필 미켈슨(Phil Mickelson)은 플롭 샷의 제왕이다. 그의 마법과도 같은 스윙은 공을 하늘 높이 띄운 뒤 앞으로 약간 나아가 곧바로 떨어져 그린 위에 멈추게 한다. 이런 죽기 아니면 살기식의 샷은 엄청난 자신감과 스윙에 대한 완전한 믿음이 필요하다. 공이 부드럽게 핀 옆으로 떨어지는 장면은 언제나 관중을 흥분시킨다. 일단 이 기술을 마스터하면 당신은 친구들이 입을 멍하니 벌리고 있는 모습을 자주 보게 될 것이다.

하늘을 향한 클럽 페이스
당신이 스윙을 마쳤을 때 클럽 페이스는 넓게 열려서 하늘을 향하고 있어야 한다.

1. 발사

당신이 모래에서 부드러운 스플래시 샷을 한다고 상상해 보라. 발과 무릎과 골반과 어깨를 타깃의 왼쪽을 향하도록 하고 클럽 페이스는 넓게 열도록 한다.

2. 가파른 백스윙

백스윙 시 클럽 헤드를 가파르게 들어 올리고 손목을 많이 꺾어 주도록 한다. 이렇게 하면 클럽이 쉽게 공의 밑으로 미끄러져 들어간다.

3. 공을 튕기다

완전하고 매끄러운 스루 스윙을 한다. 당신의 손을 임팩트 순간 '릴리즈' 해서 클럽 헤드가 공의 밑에서 튕겨 공을 위로 날리도록 해야 한다.

그린에서 핀까지의 거리가 멀다.

 로프트가 낮은 클럽을 사용하고 어깨의 진자 운동을 통해 낮게 굴러가는 공을 치자.

그린사이드 터치 샷을 할 때는 반드시 지켜야 하는 법칙은 공을 가능한 한 빨리 구르게 하라는 것이다. 공이 그린에서 빨리 구르기 시작할수록 엉뚱한 방향으로 튕겨나갈 가능성은 줄어든다. 이 테크닉은 퍼팅과 매우 유사하다. 클럽을 어깨에서부터 진자 운동을 하듯이 앞뒤로 흔드는 것이다. 아무 클럽이나 사용해도 무방하다. 핀이 멀면 멀수록 클럽의 로프트는 줄어들어야 할 것이다.

장갑 마크는 타깃 방향으로
이번 샷을 성공시키기 위해서 손목은 단단히 고정시켜야 한다. 스윙스루 시 장갑을 낀 손의 손등이 타깃을 향하도록 하자.

하체의 움직임은 최소화
어깨로부터 앞뒤로 진자 운동을 할 때 하체는 반드시 몸을 단단하게 지탱해 줘야 한다.

1. 셋업을 단순화하라
몸을 고정하면 할수록 좋다. 양발 간격은 좁게 하고 왼발 발가락은 약간 타깃 방향으로 돌려준다. 공은 약간 뒤로 빼서 오른발 안쪽에 위치시킨다. 클럽을 낮게 잡아 컨트롤을 강화하자.

2. 착지 지점 찾기
경사도를 측정하기 위해 핀까지 걸어가서 공이 있는 위치를 바라보자. 옆으로도 이동해서 경사를 측정해 보자. 공이 착지하기 원하는 평평한 지점을 골라야 한다.

3. 진자 운동
이 테크닉은 퍼팅의 그것과 매우 유사하다. 손목의 움직임은 적을수록 좋다. 어깨부터 클럽을 시계추처럼 앞뒤로 흔들어 주되 클럽 헤드가 허리 높이 이하에서 머물도록 하라.

4. 왼손은 단단히 고정
이번 샷을 망치는 유일한 방법은 손을 사용하는 것이다. 그립을 약간 세게 잡고 공을 타격하는 순간 위에 위치한 손이 타깃을 향하도록 한다.

칩 샷을 하는 데 어려움을 겪는다.(1)

 집에서 흔히 찾아볼 수 있는 두 가지의 물체를 이용해서 스트로크 시 손을 사용하지 않는 연습을 하라.

골퍼들이 칩 샷을 깨끗하게 하는 데 어려움을 겪는 주요 원인은 바로 손을 지나치게 사용하기 때문이다. 공을 띄우려는 목적으로 공에 클럽이 닿을 때 손을 꺾으면 클럽은 공에 닿기 전에 지면을 때리게 된다. 아래에 이 문제를 고치기 위한 두 가지 간단한 훈련법이 나와 있다.

1. 잡지는 건드리지 말 것

핵심 열쇠는 클럽이 지면에 닿기 전의 공의 뒷부분을 깨끗하게 잡아내는 것이다. 이렇게 낮게 깔리는 스윙을 연습하기 위해 잡지 같은 것을 공보다 몇 인치 정도 뒤에 놓도록 하자. 잡지는 건드리지 말고 공을 치는 연습을 하라.

2. 옷걸이가 꺾이지 않도록

손목 사용을 배제하는 스윙 연습을 하려면 클럽을 옷걸이의 직선 부분에 걸쳐 잡고 스윙하는 연습을 한다. 스윙 내내 옷걸이가 당신의 왼쪽 팔뚝 아랫부분을 압박하는 느낌이 들어야 한다.

100야드 이내에서

 칩 샷에 어려움을 겪는다.(2)

 낡은 샤프트를 하나 꺼내서 손목 움직임을 줄이는 연습에 사용하라.

실력이 부족한 골퍼는 손목을 많이 사용하는데, 이는 공이 예측하기 힘든 방향으로 날아가게 한다. 스트로크 시 손의 움직임을 줄이는 훈련을 위해 예전에 쓰던 샤프트를 하나 꺼내 클럽의 뒷부분 구멍에 꽂고 연습을 한다. 이는 손의 움직임을 방지하는 역할을 할 것이다.

왜 손이 꺾이는가?
체중이 지나치게 뒤쪽으로 이동해 있는 상태에서 손은 너무 빨리 클럽을 릴리즈하게 되고 결국 공보다 먼저 지면을 때리게 된다.

릴리즈에 저항하라
체중을 앞발에 싣고 손은 공보다 앞서 위치시켜서 클럽 뒤의 샤프트가 몸과 떨어지도록 한다. 퍼팅을 하는 것처럼 클럽을 어깨에서부터 앞뒤로 흔들어 보자.

왼손이 리드한다
왼손 손등이 돌아가지 않고 계속 타깃을 향하고 있는지 점검해서 손을 꺾지 않도록 집중한다. 손이 꺾인다면 샤프트가 당신의 몸에 닿을 것이다.

그린에서 터치 샷이 계속 생크가 나기 시작했다.

 페이스를 스퀘어하기 위해 팔뚝을 회전시켜라.

생크의 가장 흔한 원인 가운데 하나는 팔뚝이 충분히 돌아가지 않기 때문이다. 다음의 한손 훈련법으로 이를 교정할 수 있다.

손이 릴리즈되지 않는다
임팩트 순간 손이 공보다 지나치게 앞서 있다. 왼손 손등이 하늘을 바라보고 있고 충분히 돌아가지 않았다. 클럽 헤드는 훨씬 뒤쳐져 있으면서 타깃에 대해 넓게 오픈되어 있다.

한손 스윙
오른손으로만 스윙하면 팔을 회전시킬 수밖에 없다. 한손 스윙을 몇 차례 연습한 뒤 그 느낌을 그대로 실제 스윙에도 이어 가도록 한다.

100야드 이내에서 **95**

 어프로치 샷이 프린지의 틈 부분에 걸렸다.

 웨지를 집어 들고 공을 앞으로 세게 굴리는 퍼팅을 한다.

공이 프린지 틈 부분에 걸렸을 때는 벨리 웨지 샷이 가장 좋다. 공 뒤 잔디가 풍성한데 퍼터를 이용해서 공이 굴러갈 정도로 낮게 타격하는 것은 좋지 않은 생각이다. 이때 리딩에지 부분으로 똑같은 샷을 한다면 공은 매끄럽게 굴러갈 것이다.

1. 중간 지점에서 띄운다
공을 강하게 굴리기 위해서는 반드시 클럽의 리딩에지를 공과 일직선으로 띄우면서 공의 중심부를 조준해야 한다.

2. 퍼팅
이 테크닉은 퍼팅과 유사하다. 손잡이 아랫부분에서 그립을 잡고 넓고 안정된 퍼팅 자세를 취한 뒤 단순히 어깨를 앞뒤로 시계추처럼 흔들어 주면 된다. 손목은 사용하지 않는다.

벙커에서

벙커에서 당신의 전략과 테크닉, 그리고 자신감을 키워 줄 수 있는 간단명료한 팁들이 이 장에 제시되어 있다.

페어웨이 벙커에서 공을 제대로 타격하기가 어렵다.

 공을 깨끗하게 타격하겠다는 생각을 버려라. 공과 함께 모래를 튀겨 내는 낮은 각도의 스윙을 위한 셋업 자세를 취하라.

공이 핀에서부터 약 150야드 정도 거리에서 단단한 페어웨이 벙커에 놓여 있다. 언뜻 보면 그리 어려운 샷이 아닌 것처럼 보인다. 조금 욕심을 내서 그린을 바로 공략할 수 있을 것 같다. 그러나 이번 샷은 기술과 연습을 필요로 한다. 열쇠는 공을 먼저 타격하고 그 다음 모래를 치는 것이다.

긴장을 유지하라 : 그립은 타이트하게
페어웨이 벙커 샷은 그립을 매우 강하게 잡아야 하는 샷이다. 팔을 약간 긴장시키면 손목 꺾임이 제한되므로 공을 제대로 타격하는 데 도움이 된다.

올바른 순서 : 공 그리고 모래
페어웨이 벙커 샷에서 공을 깔끔하게 그린에 올리기 위해서 클럽은 반드시 모래에 닿기 전에 공의 중심부 약간 아랫부분을 쳐야 한다.

1. 공의 위치 조정
지면보다 공을 먼저 타격하기 위해 몸을 기준으로 평소보다 공을 1인치 정도 뒤로 위치시킨다. 그립은 1인치 정도 짧게 잡아 클럽을 짧게 한다.

2. 발 위치 잡기
그린사이드 벙커 샷 때와는 다르게 발을 모래 속에 파묻지 마라. 그냥 땅 표면에 발을 얹고 약간 끌어서 안정된 스탠스를 하면 된다.

3. 짧은 백스윙
확실하게 컨트롤된 스윙을 해야 한다. 백스윙은 3/4 거리 이하로 짧게 하고 손목도 약간만 꺾어 준 뒤 팔뚝은 살짝 긴장시킨다.

4. 공을 먼저 타격하라
이 테크닉은 그린사이드 벙커 샷과는 정반대되기 때문에 연습이 필요하다. 공을 모래 표면에서 깨끗하게 날리기 위해 공의 중앙 바로 아래 지점을 타격하도록 연습하라.

 공이 모래 벙커에 있고 그린과는 70야드 정도 떨어져 있다. 풀스윙을 해야 하는지 일반적인 스플래시 샷을 해야 하는지 애매한 상황이다.

 일반적인 피치 샷을 하되 약간의 모래를 공과 함께 튕겨내라.

장거리 벙커 샷을 성공시키기 위해서는 공과 함께 적정한 분량의 모래를 같이 날려야 한다. 이번 테크닉은 벙커에서 벗어나기 위한 짧은 스플래시 샷에 적용되는 많은 법칙들과는 다르다. 인내와 꾸준한 연습이 필요하다.

장거리 벙커 샷
한 움큼의 모래가 공보다 한 박자 느리게 날린다.

1. 셋업은 피칭처럼

벙커가 아닌 지형에서 피칭을 할 때와 똑같은 기분으로 치면 된다. 자세를 유지한 채 클럽 페이스는 오픈하지 말고 타깃에 스퀘어한다.

2. 몸 주위를 도는 스윙

등이 타깃 방향으로 회전할 때 왼팔을 가슴에서 멀리 떨어뜨리지 않도록 주의하라. 이렇게 하면 클럽을 가파르게 들어 올리지 않고 몸 주위로 낮게 쓸어내는 스윙이 보다 원활해진다.

3. 타격에 초점

풀스윙을 하고 공 바로 뒤 지점을 타격하는 데 집중하라. 클럽이 지면으로 향할 때 가속해야 하고, 타깃을 향한 채 균형 잡힌 피니시를 할 수 있도록 팔로스루를 완성하도록 한다.

적당한 양의 모래를 함께 쳐 내는 것이 쉽지 않아서 길게 치거나 짧게 친다.

 스윙 길이, 샌드웨지의 솔 그리고 지폐에 집중하라.

벙커 플레이의 첫 번째 규칙은 반드시 클럽이 공을 타격하기 전에 모래에 닿아야 한다는 것이다. 한 가지 간단한 훈련법은 지폐 한 장이 공 밑에 깔려 있다고 상상하는 것이다. 공을 쳐 내기 위해서는 반드시 지폐 또한 같이 날려야 한다. 이를 위해서는 샌드웨지가 공보다 몇 인치 정도 앞서 모래에 들어가서 또 그만큼 나중에 나와야 한다. 이 기술을 숙달하기 위해서 실제 모래 위에 지폐 한 장을 올려놓아라. 그러 다음 그 중앙에 공을 올려놓고 연습하면 도움이 된다.

1. 기본 셋업

샌드웨지의 클럽 페이스를 열고 그립을 살짝 잡는다. 발은 모래 안으로 살짝 끌고 양 발 간격을 넓혀서 몸이 몇 피트 정도 타깃의 왼쪽을 향하도록 한다. 그러나 클럽 페이스는 핀을 향해야 한다.

2. 타격 시 가속

이번 샷을 성공시키는 비결은 모래를 때리는 것을 두려워하지 않는 것이다. 클럽은 강하게 모래를 날리며 피니시 단계로 진입해야 한다.

기본 스윙
3/4 정도의 백스윙과 스루 스윙을 하고 무릎은 고정시킨다.

임팩트
모래와 공, 지폐를 모두 벙커에서 타깃을 향해 날려 버리자.

몸은 낮춰라
무릎을 많이 구부려서 몸의 중력 중심이 내려오게 한다. 피니시 단계까지 이 높이를 유지한다.

3. 스윙 거리를 조절하라.

두 번째 기술은 벙커 샷의 거리를 조절하는 것이다. 백스윙은 3/4지점까지만 하고 팔로스루 스윙 길이를 짧게, 4분의 1, 2분의 1, 그리고 풀스윙으로 바꿔서 다양하게 연습해 본다.

4. 바운스를 이용하라

샌드웨지의 바운스 솔은 클럽 헤드가 모래 안으로 파고 들어가는 것을 막아 준다. 이와 똑같은 효과를 얻기 위해 왼쪽 눈이 공과 마주보게 위치하게 한다. 그 다음 샌드웨지의 샤프트는 기울여서 배꼽에 일직선으로 향하도록 한다. 이 자세에서 스윙스루를 하면서 오른손은 하늘을 바라보도록 한다.

높은 피니시
스윙을 높게 해서 피니시 단계에서 손이 어깨보다 높이 위치하도록 하라. 웨지에 로프트를 최대한 확보하기 위해서다.

벙커 테크닉을 모래의 굳기 정도에 따라 달리하여 적용하기가 어렵다.

 샌드웨지의 바운스 솔이 어떻게 작동하는지에 대한 이해도를 높여라.

부드러운 모래에서
모래가 깊고 부드러우면 클럽이 모래 속으로 쉽게 파고 들어가서 무거운 샷을 치게 된다. 이를 방지하기 위해 바운스가 추가된 웨지를 마련하라. 클럽의 솔이 모래와 부딪히면서 모래의 표면을 스르르 미끄러져 공과 함께 모래를 벗어나야 한다. 모래를 지나칠 때, 그리고 피니시 단계까지 항상 클럽을 가속시키는 것을 기억하라. 만약 클럽이 모래를 파고 들어가서 그 안에 머무른다면 공 역시 모래 안에 머무를 가능성이 높다.

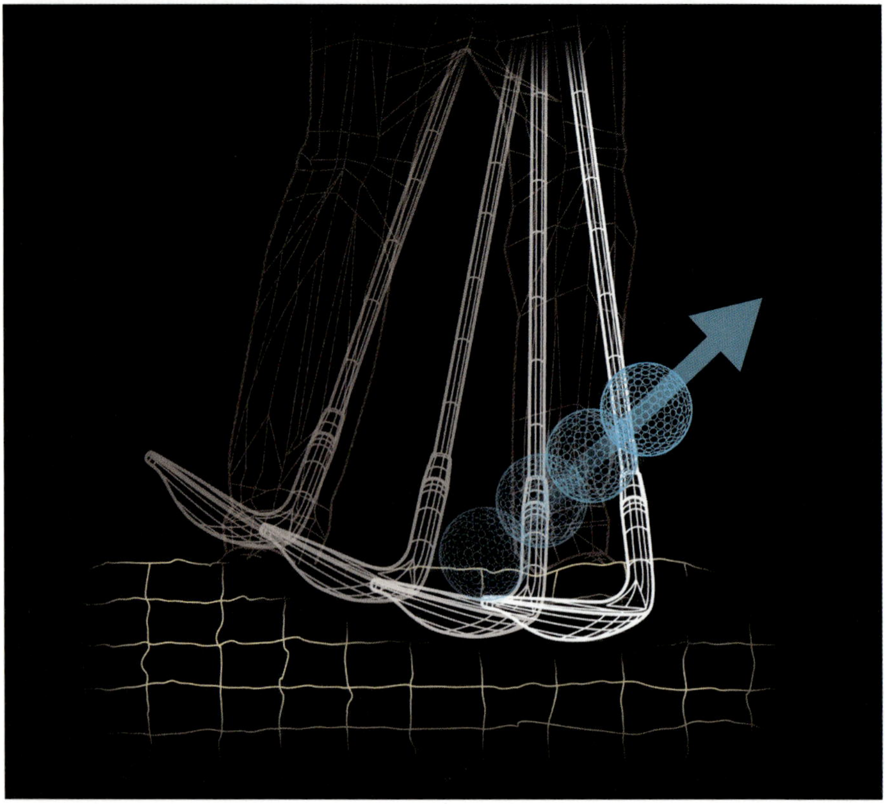

어느 골퍼나 부드럽고 풍성한 모래 또는 단단하고 젖은 모래에서 샷을 해야 할 상황이 발생할 수 있다. 이 모든 모래 종류에서 성공적인 샷을 하려면 당신의 샌드 웨지의 '바운스'가 어떻게 작동하는지 알아야 한다. 웨지의 바운스는 웨지 최하단의 불룩 튀어나온 부분이다. 바운스는 클럽이 모래 안으로 파고 들어가지 않고 미끄러지도록 하는 역할을 한다. 클럽 페이스를 열면 열수록 더 많은 바운스가 들어가게 된다. 부드러운 모래에서 당신은 클럽이 공의 밑으로 미끄러져서 모래의 표면을 바깥층을 긁어내도록 해야 한다. 클럽 페이스를 넓게 열면 바운스가 더해져서 모래 안으로 깊이 들어가지 않는다. 젖은 모래에서 샷을 할 때는 이와 반대의 법칙이 적용된다. 페이스를 열면 추가된 바운스가 단단한 표면을 긁고 지나가게 하기 때문에 얇은 샷으로 이어진다. 페이스를 스퀘어하고 바운스를 줄이도록 하자.

단단한 모래에서

모래가 단단하고 밀도가 높으면 클럽이 모래 안으로 들어가지 않고 표면에서 튕기게 된다. 이렇게 되면 공을 얇게 쳐서 그린의 훨씬 뒤쪽까지 가 버릴 가능성이 높다. 이런 상황을 방지하기 위해서 바운스가 적은 웨지를 택하고, 클럽의 리딩에지가 모래 안으로 파고 들어가서 공을 꺼내도록 하라. 모래가 단단하다 하더라도 공보다 앞서 모래를 타격해야 한다는 것을 잊지 말 것.

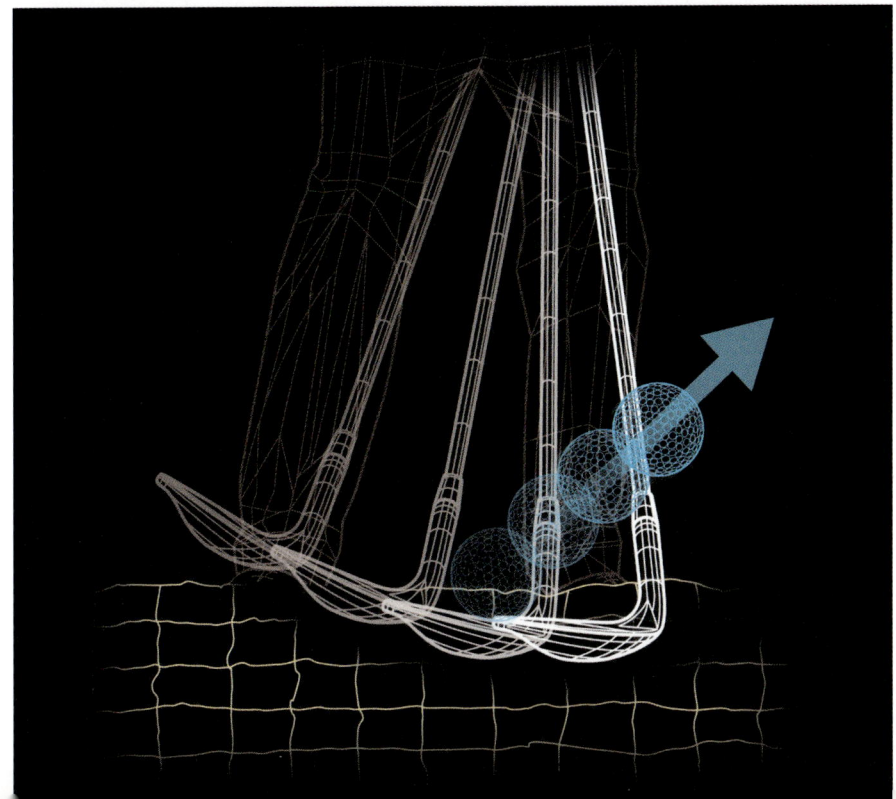

공이 그린사이드 벙커에 빠져서 공의 절반만 땅 위로 나와 있다.

 타수에 따라 접근법과 전략이 달라진다.

지나친 야심은 금물
과욕은 금물이다. 벙커를 옆으로 빠져나가야 한다면 그렇게 하자.

100타

플레이
어떤 식으로든 공을 우선 꺼내야 한다는 생각이 떠오를 것이다. 다시 올바른 코스로 복귀하기 위한 가장 가까운 경로를 찾아라. 만약 옆으로 치는 것이 가장 빠른 길이라면 그렇게 하는 수밖에 없다.

클럽
가장 로프트가 높은 클럽을 사용한다. 샌드웨지나 로브웨지일 것이다. 그러나 클럽 페이스는 꼭 닫아야 한다. 그렇지 않으면 클럽이 모래를 파고들게 된다.

1. 안전하게

공이 있는 벙커에 다다르면 공이 얼마나 가장자리에 가깝게 위치해 있는지 확인하라. 공이 가장자리에 붙어 있다면 그 방향과 반대 방향의 지면을 살펴보고 투 퍼팅의 가능성이 가장 높은 곳으로 공을 조준하라.

2. 클럽 페이스는 닫을 것

클럽의 토우 부분을 안쪽으로 하고 그립을 잡아라. 공 뒤에서 평상시처럼 조준하되 모래를 향해 가파르게 떨어지는 스윙 준비를 하라. 클럽 페이스를 닫아야 클럽이 훨씬 원활하게 모래 안으로 파고든다.

3. 클럽을 가파르게 들어 올린다

백스윙은 짧고 가팔라야 한다. 손목을 충분히 꺾고 클럽을 들어 올려서 클럽이 일직선으로 하늘을 바라보게 한다. 클럽을 들어 올렸으면 이제 모래 방향으로 강력하게 내리찍으면 된다. 믿음을 가져라. 당신이 중간에 포기하지만 않으면 공은 튕겨 나올 것이다.

90타

플레이
아직 핀을 직접 공략하는 것은 좋은 생각이 아니다. 주위의 가장 넓은 그린을 찾아서 공을 그곳에 올려놓는 것을 목표로 하자.

클럽
벙커를 정면으로 돌파하려면 유일한 해답은 샌드웨지다.

1. 분별 있는 탈출법
과욕을 부려서 홀을 직접 노리는 대신 그린이 가장 평탄하고 넓은 곳을 공략한다. 그러면 적어도 크게 잘못될 일은 없다.

2. 클럽은 스퀘어
클럽 페이스를 열거나 닫을 필요는 없다. 클럽의 기본 로프트가 제 역할을 해낼 것이다. 일반적인 샷을 하는 것처럼 클럽이 공을 타격한 뒤 바로 모래에 닿도록 한다.

3. 짧은 것이 좋다
공을 꺼내기 위해서는 많은 양의 모래를 함께 날려야 할 것이다. 따라서 팔로스루가 중간에 느려질 가능성이 있지만 걱정할 필요는 없다. 단지 클럽이 강하게 공의 밑으로 파고들게 하는 데만 집중하라.

80타

플레이
이 기술은 실력이 매우 우수한 골퍼들이 시도해 볼 수 있는 전문적인 기술이다. 이제 당신은 핀을 직접 노릴 것이고 클럽은 모래를 향해 가파른 스윙 곡선을 그린다.

클럽
이번 샷을 치기 위해서는 최대의 로프트가 필요하다. 샌드웨지나 심지어 로브웨지가 필수적이다.

1. 바로 핀을 조준
이번 샷에는 많은 파워가 투입되기 때문에 당신이 어떤 방향으로 치든 공은 벙커에서 튀어나올 것이다. 과감하게 느껴질 수도 있지만 핀을 바로 겨냥하도록 하자.

2. 클럽은 오픈
이번 샷을 성공시키기 위해서 최대의 로프트가 필요하다. 따라서 그립을 잡기 전에 클럽 페이스는 넓게 열도록 하자. 그리고 클럽이 모래 위에 닿기를 원하는 지점 바로 위에서 타격한다.

3. 타격과 반동력
모래를 강하게 타격할수록 좋다. 모래를 타격하는 순간 클럽이 반동을 하는 것을 느껴라. 이 반동력으로 클럽이 모래 속으로 튕겨 들어가 공이 높게 떴다가 부드럽게 착지한다.

공이 묻히지는 않았지만 벙커의 가장자리에 붙어 있다. 공을 높은 각도로 띄워야 한다.

 클럽 페이스를 열고 자신감을 가지고 강하게 타격한다.

공을 벙커에서 꺼내기 위해 미켈슨과 같은 수준에 도달할 필요는 없다. 약간의 팁과 빠른 클럽 헤드 속도, 그리고 해낼 수 있다는 자신감만 있으면 된다.

컨트롤하기

스윙이 빨라질수록 이번 샷은 더욱 효과적이다. 그러나 당신의 스윙은 철저히 컨트롤된 상태여야 한다는 점을 명심하라. 발을 약간 모래 속으로 끌어서 스탠스를 강화하여 강력한 파워를 생성하기 위한 토대를 마련한다.

다시 한 번 확인하자
공이 모래 위에 놓여 있는 것이 아니라면 이 테크닉은 적용되지 않는다.

1. 클럽 페이스는 넓게 오픈
공을 벙커 가장자리를 넘어 꺼내려면 최대한 높게 뜨도록 해야 한다. 클럽을 넓게 오픈해서 클럽 헤드에 티를 세웠을 때 티가 하늘을 향하도록 하자.

2. 손목 일찍 꺾기
백스윙은 짧고 가파르게 하며 손목은 최대한 꺾어 주어야 한다. 클럽을 수직으로 들어 올리고 모래를 향해 내리찍어서 공을 튕겨 내도록 하자.

3. 속도가 생명
공을 꺼내기 위해서는 클럽 헤드에 정면을 향한 최대의 추진력이 실려야 한다. 클럽이 모래와 벙커의 가장자리에 닿는 것을 두려워하지 말자.

공이 흠뻑 젖은 모래 위에 놓여 있으나 드롭을 할 정도로 물이 깊지는 않다.

 페이스를 스퀘어하고 짧고 강력한 스윙을 한다.

용감해져라
모래를 강하게 타격하는 것을 두려워하지 말라. 확신을 가지고 강하게 스윙하면 공이 젖은 모래로부터 튀어나와 그린에 도착할 것이다.

어드레스
어드레스 시 클럽 페이스를 스퀘어하고 지면에 닿기를 원하는 지점 위에서 타격한다.

백스윙
백스윙은 짧아야 한다. 그냥 클럽을 수직으로 들어 올리고 지면을 향해 가파르게 떨어지도록 하라.

1. 클럽 페이스는 스퀘어
샌드웨지의 클럽 페이스를 오픈하는 일반적인 벙커 샷과는 다르게 클럽 페이스는 스퀘어해서 클럽이 모래 안으로 파고들게 하라.

2. 공을 튕겨내라
젖은 모래에서 샷을 하려면 공의 뒤로 가파르게 떨어지는 스윙을 해야 한다. 체중은 몸의 왼쪽에 실어서 클럽이 일직선으로 올라갔다가 일직선으로 떨어지게 한다.

3. 짧은 백스윙, 긴 스루 스윙
젖은 모래가 스윙의 에너지를 흡수해 버리기 쉽다. 백스윙은 짧게 해서 가파른 스윙 아크를 만들고 젖은 모래를 통과할 때는 중간에 멈추지 말라. 끝까지 풀스윙을 하도록 한다.

팔로스루
완전한 팔로스루 스윙을 하도록 해서 클럽이 모래에 부딪칠 때 멈추는 것을 방지하도록 하라.

공이 땅 속으로 들어가지는 않았지만 흔히 그렇듯이 약간 파묻혀 있다.

 공을 더 강하게 치려고 하지 말고 스윙의 각도를 더 가파르게 하라.

공이 비탈의 홈이나 작은 구멍에 들어가 벙커 샷이라고 보기에는 어려운 경우가 많다. 이런 경우 다수의 골퍼들은 단순히 땅을 세게 치려고 한다. 그러나 그럴 필요가 없다. 공이 컵처럼 생긴 구멍에 빠져 있을 때도 제대로 컨트롤된 샷이 가능하다. 클럽의 로프트를 유지하면서 스윙이 더욱 가파른 아크를 그리도록 하는 것이다. 다음 단계들을 따라해 보자.

급격한 스윙 : 공을 향해 가파르게 떨어진다
백스윙 초기에 손목을 꺾어서 임팩트 시 가장 중요한 가파르게 떨어지는 스윙 로프트를 확보해야 한다.

공 밑에서 : 높게 뜨고 부드럽게 착지
임팩트 시 오른손을 공 밑으로 던진다는 느낌으로 스윙을 해 보자. 이렇게 하면 클럽의 '바운스'가 모래 위로 매끄럽게 미끄러지게 된다.

1. 공은 약간 앞에

공은 몸을 기준으로 약간 앞, 왼발 바로 안쪽에 위치시킨다. 클럽 페이스에는 로프트를 추가하도록 하자. 이 방법은 일반적인 스퀘어-업(squaring-up)기술과는 상충하지만 지금은 공을 높게 띄워야 할 때다.

2. 체중은 몸 앞으로

체중의 60퍼센트가 앞발에 실려 있다는 느낌을 가져라. 이번 샷은 매우 가파른 백스윙이 필수적이므로 체중을 앞에 실어야 이것이 원활해진다.

3. 손목 일찍 꺾기

백스윙 초기에 손목을 적극적으로 꺾는다. 손목을 꺾고 체중을 앞발에 실어야 날카롭고 가파른 스윙이 가능해진다.

4. 바운스를 이용

오른손을 공 밑으로 던지는 듯한 느낌으로 클럽 헤드가 모래에 닿을 때쯤 릴리즈한다. 클럽 페이스가 손보다, 아니 공보다도 앞서 가는 것을 느껴라. 클럽의 바운스가 효과적으로 작동하게 된다.

훌륭한 탈출법

골프에서 가장 어려운 상황에서 탈출하고 당신의 점수가
추락하는 것을 막기 위한 효과적인 해결법

공이 세미 러프에 놓여 있는 상황에서 장거리 샷을 해야 한다.

 유틸리티 클럽을 선택하라. 강하게 스윙하되 가파르게 떨어지는 각도로 타격한다.

셋업 자세
공을 정확하게 타격해야 깨끗하게 공을 날릴 수 있다. 공을 몸의 중앙에 위치시키고 손은 클럽 페이스보다 약간 앞에 위치시킨다. 하이브리드 클럽은 공을 띄우기에 충분한 로프트를 가지고 있다.

손목 바로 꺾기
이번 샷에서 클럽은 땅을 살짝 파고 들어가야 한다. 따라서 백스윙 시 손목을 일찍 꺾어서 스윙이 가파른 아크를 그리도록 하고 하이브리드 클럽의 페이스가 정면으로 지면을 때리도록 공은 약간 늦게 타격하도록 한다.

공이 물에 빠지지는 않았지만 워터 해저드 바로 옆 아슬아슬한 지점에서 스윙해야 한다.

 그립을 아주 짧게 잡고 스윙 아크를 좁혀라.

공이 물에 빠지지 않았다면 운이 좋다고 여길지 모른다. 그러나 공이 색깔 있는 말뚝 밖으로 나가면 규정상으로는 해저드에 있는 것으로, 클럽을 지면에 대면 벌타가 부과된다. 다음 세 가지 단계를 익혀 행운을 내 것으로 만들자. 그립을 짧게 잡고 클럽을 잔디 위에서 조준한 뒤 몸 주위를 도는 플랫 스윙을 하자.

위기에서 벗어나기
그립을 짧게 잡아 샤프트의 길이를 줄이고 클럽 헤드는 잔디 위에서 조준한다.

1. 그립 짧게 잡기

공이 당신의 발보다 높은 위치에 있으므로 샤프트의 길이를 줄이기 위해 손잡이 아랫부분에서 그립을 잡아야 한다. 그립을 짧게 잡아야 클럽이 임팩트 전에 지면을 때리는 것을 막을 수 있다.

2. 페이스는 열고 조준

이 어려운 샷을 성공시키기 위해서는 최대의 로프트가 필요하다. 클럽 페이스는 넓게 열고 그립을 잡자. 워터 해저드의 언저리에서 클럽을 지면에 대지 않도록 주의하자. 공 뒤에서 조준한다.

3. 몸 주위를 도는 스윙

이번 샷에서는 평평하고 동그란 원을 그리는 스윙을 해야 한다. 허리 높이에서 아크를 그리는 스윙을 연습해 보고 그 감각을 실전으로 이어 가자. 이 샷은 공을 오른쪽에서 왼쪽으로 회전시키므로 조준은 타깃보다 훨씬 오른쪽으로 한다.

길고, 젖고, 풍성한 잔디 위에서 까다로운 샷을 해야 하는 겨울이 두렵다.

 당신의 가장 완벽한 탈출 경로를 결정하기 전에 여러 가지 상황을 읽는 법을 익히자.

1. 깨끗한 타격
이번 샷은 페어웨이 벙커 샷처럼 칠 필요가 있다. 공을 깨끗하게 타격하는 것을 목표로 하자. 한 단계 아래 클럽을 사용하고 공은 몸을 기준으로 해서 왼발 뒤꿈치 방향으로 더욱 앞에 위치시킨다.

2. 탄탄한 자세
공을 타격할 때 상체 높이를 유지하기 위해 하체 자세를 안정되게 유지하는 데 집중하라. 클럽이 공보다 잔디에 먼저 닿으면 안 된다.

잔디가 순방향일 때
공이 굵고 튼튼한 잔디 위에 멈춰서 있고 잔디가 타깃 방향으로 누워 있다면 플라이어를 치지 않도록 조심해야 한다.

공이 잔디에 파묻혀 있을 때

공이 잔디 속에 묻혀 있다면 공을 둘러싸고 있는 잔디 쪽으로 가파르게 떨어지는 스윙을 해야 한다. 잔디로 이루어진 디봇에서 공을 친다고 생각하고 준비하라.

1. 공은 뒤로 손은 앞으로

디봇에서 빠져나올 때와 같은 테크닉을 사용한다. 공은 오른발 쪽으로 뒤로 빼고 손은 공보다 앞에 위치시킨다.

2. 클럽 픽업하기

백스윙 시 클럽을 가파르게 들어 올리자. 손목을 강하게 꺾어 주고 몸의 왼쪽 부분에 체중을 싣도록 한다.

3. 큰 디봇을 만든다

골반을 타깃 방향으로 이동시켜서 클럽이 가파르게 떨어지는 스윙으로 공을 타격한다.

잔디가 역방향일 때
공이 두터운 잔디에 묻혀 있고 잔디가 역방향일 때 클럽이 잔디에 막혀서 뒤집히기 쉽다.

1. 컨트롤하기

그립을 강하게 잡아서(오른손잡이의 경우 손가락이 오른쪽으로) 공을 타격하는 순간 잔디의 저항에 부딪히게 될 클럽 헤드에 대한 컨트롤을 강화하자.

2. 타깃을 향해

장갑 낀 손의 손등 배지가 (왼손 손등 또는 시계 차는 부위) 공을 타격하는 순간 타깃을 바라봐야 한다. 이렇게 하면 클럽 페이스가 닫히는 것을 막을 수 있다.

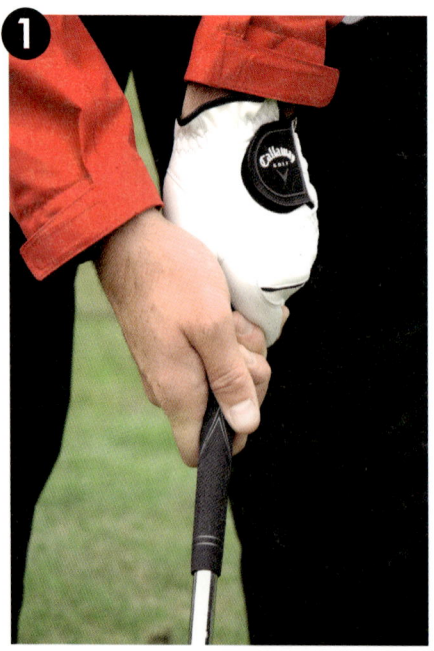

공이 러프에 빠져 있을 때

공이 잔디 깊숙이 빠져 있다면 파내야 한다. 공을 몸의 기준으로 많이 뒤로 빼서 내리찍은 스윙으로 타격할 수 있도록 하자. 웨지의 클럽 페이스를 약간 열어서 클럽이 잔디를 뚫고 들어갈 수 있도록 한다.

1. 손목 움직임

백스윙 시 클럽을 하늘 방향으로 가파르게 들어 올리면서 손목을 많이 꺾어 줌으로써 가파른 각도의 타격을 준비하자.

2. 임팩트

클럽을 단호하게 공의 뒤쪽으로 내리찍는다. 이 과정에서 페이스가 닫힐 수 있으므로 셋업 단계 시 페이스를 열 때 이를 미리 고려해야 한다.

공이 놓인 위치에 문제는 없는데 진흙이 잔뜩 묻어 있다. 골프 규칙에 따라서 공을 들어서 닦거나 공을 교체할 수는 없다.

 공에 묻어 있는 진흙으로 공이 왼쪽이나 오른쪽으로 휘어질 것이다. 처음에 이것을 미리 고려해서 조준하자.

공이 어느 방향으로 휠지 정확하게 계산하는 방법은 없다. 그러나 위험을 최소화하기 위해 적용할 수 있는 대략적인 법칙이 있다.

1. 진흙의 영향
공에 진흙이 묻었을 경우 십중팔구는 공이 진흙이 묻은 방향으로 휘어진다. 따라서 진흙이 공의 오른쪽 방향에 묻어 있다면 슬라이스가, 왼쪽에 묻어 있다면 훅이 날 것이다.

2. 미리 예상하고 조준하기
한 단계 높은 클럽을 고르고 진흙이 묻어 있는 방향에 따라 평상시보다 더 오른쪽이나 왼쪽으로 조준한다.

3. 자신감 있는 스윙
나머지는 신의 손에 달려 있다. 진흙은 잊어버리고 오직 좋은 스윙을 하는 데 힘써라.

공이 나무와 너무 가까워서 자세를 제대로 잡기가 어렵다.

 왼손잡이의 백 핸더(back-hander) 테크닉을 시도해 보자.

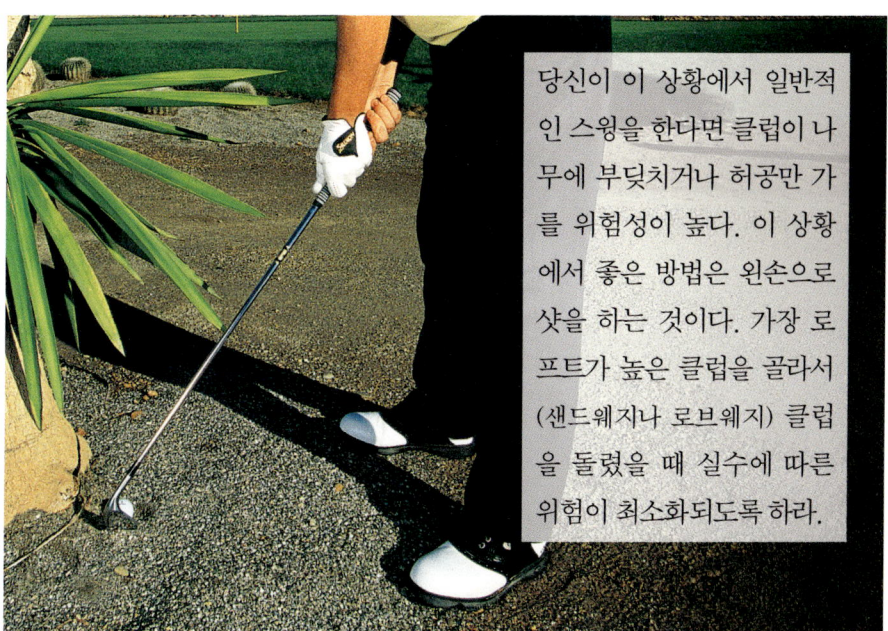

당신이 이 상황에서 일반적인 스윙을 한다면 클럽이 나무에 부딪치거나 허공만 가를 위험성이 높다. 이 상황에서 좋은 방법은 왼손으로 샷을 하는 것이다. 가장 로프트가 높은 클럽을 골라서 (샌드웨지나 로브웨지) 클럽을 돌렸을 때 실수에 따른 위험이 최소화되도록 하라.

1. 백 핸더
샌드웨지를 뒤집은 다음 거꾸로 그립을 잡는다. 왼손이 아래, 오른손이 위로 가는 것이다.

2. 그라운드 준비
스윙하면서 몸이 움직이면 안 되므로 자세가 탄탄한지 확인하라. 체중은 살짝 앞발에 실려 있어야 한다.

3. 단순하게 하라
이번 샷은 지나치게 머리를 쓸 필요가 없다. 손목을 거의 꺾지 말고 클럽을 뒤로 당겼다가 스윙한다. 마치 왼손잡이의 퍼팅처럼 말이다.

4. 움직이지 말 것
스윙을 한 뒤 몸을 움직이거나 체중을 이동시키지 않도록 한다. 이번 샷은 정확성이 생명이다. 따라서 당신이 더 안정된 자세를 취하면 취할수록 성공 가능성은 높아진다.

공이 흐트러진 낙엽 부스러기로 뒤덮인 곳에 놓여 있다.

 짧고 강력한 스윙을 위한 셋업을 하라. 손은 임팩트 전후로 클럽을 이끌어야 한다.

타격 순서
낙엽 부스러기보다 공을 먼저 타격해야 한다.

이런 상황에서는 타격하기 전에 한 발짝만 걸음을 잘못 디뎌도 공이 움직여 벌타로 이어질 수 있으므로 조심해서 걸어야 한다. 일단 스윙을 하기 위해 셋업 했다면 팻 샷을 하지 않도록 주의한다. 잔가지와 낙엽들이 클럽 밑에서 스윙을 방해하는 것을 방지하기 위해 낮고 강력한 샷을 한다.

1. 롱 아이언을 사용

공을 나무 사이로 빼내기 위해 피칭웨지를 집어 드는 골퍼들이 많다. 하지만 그렇게 하면 숏 아이언은 로프트가 높기 때문에 클럽이 땅속으로 파고들고, 공은 하늘 높이 떠서 나뭇가지에 부딪치게 된다. 롱 아이언을 쓰는 것이 좋다.

2. 공은 뒤로 그립은 짧게

이번 샷을 잘 치기 위해서는 클럽이 낮게 떨어지는 스윙으로 주변 부스러기들보다 먼저 공에 닿아야 한다. 공을 뒷발에 마주보게 위치시키고 그립을 짧게 잡아 샤프트를 강화한다. 짧고 컨트롤된 스윙으로 공을 나뭇가지 밑으로 낮게 빼내야 한다.

3. 스루 시 가속

이 상황에서 탈출할 수 있는 유일한 방법은 단호하게 스윙하는 것이다. 백스윙은 제한되겠지만 스루 단계에서 가속하는 것을 잊지 마라. 손은 클럽 페이스보다 앞서 있어야 공을 타격할 때 클럽의 로프트를 최저로 유지할 수 있다. 공은 낮게 날아서 멀리 굴러가야 한다.

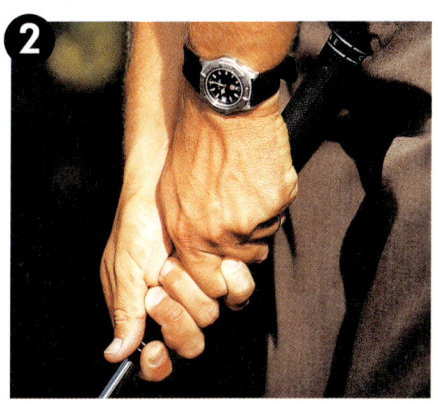

공이 얕은 물에 빠졌는데 절반은 바같으로 나와 있다.

 로프트가 높은 클럽을 골라서 가파른 백스윙을 한 뒤 아래로 내리찍어라.

공의 절반 정도가 물 밖으로 나와 있다면 위에서 설명한 샷이 가장 좋다. 이 샷을 연습하기 위해 공을 워터 해저드에서 2피트 이내에 놓아 보자. 신발과 양말을 벗고 물속으로 걸어 들어가서 단단하게 발을 디디고 무릎을 구부린 뒤 해저드 방향으로 몸을 기울인다. 가장 로프트가 큰 클럽을 골라 그립을 짧게 잡아 컨트롤을 강화한다. 클럽을 가파르게 픽업하고 물을 강타한다.

1. 위치 점검

공의 절반 정도가 물 밖으로 나와 있는지 확인한다. 만약 절반 이하만 물 밖으로 드러나 있다면 포기하는 것이 이롭다.

2. 죽거나 살거나

공을 강하게 띄워 빼내기 위해 물 쪽으로 몸을 기울인다. 거의 벙커 샷을 하는 것과 마찬가지로 공의 뒤쪽 물을 강하게 내리치자.

공은 깨끗하게 놓여 있지만 덤불 속이라서 평소와 같은 자세를 잡을 수가 없다.

 무릎을 꿇고 공의 정중앙을 겨냥하라.

무릎을 꿇고 야구 배트를 휘두르듯이 허리 높이에서 몸 주위를 도는 스윙으로 공을 타격해서 벌타를 막아 보자. 조금만 연습하면 이 신기술은 당신에게 매우 큰 도움이 될 것이다.

1. 무릎을 꿇고

무릎을 꿇고 덤불을 살펴보자. 만약 나뭇가지들이 지면에서 2피트 이내의 높이에 있다면 공은 빠져나오지 않을 것이다. 충분한 틈이 있다고 판단되면 미들 아이언 손잡이의 끝부분에서 그립을 잡고 손은 공보다 앞서서 위치시켜라.

2. 야구 스윙

허리 높이에서 야구 배트를 휘두르듯이 스윙 연습을 하라. 이제 그 감각을 무릎을 꿇은 자세에 그대로 이어간다. 백스윙은 낮게 하고 클럽의 몸 주위를 한 바퀴 돌면서 쓸어내는 스윙을 한다.

3. 공의 중앙을 타격

이런 위치에서는 클럽이 공보다 지면에 먼저 닿기 쉽다. 공의 중앙에서 약간 윗부분을 조준하여 이를 방지하자. 스윙 시 손이 클럽을 이끌도록 해서 클럽이 지면으로 떨어지는 것을 방지하자.

공이 6인치 깊이의 그린사이드 러프에 빠져 있다.

 체중을 몸의 왼쪽에 싣고 가파른 스윙을 한다.

이 샷을 기교 있게 성공시키는 핵심은 로프트가 가장 큰 클럽(샌드웨지나 로브웨지)을 사용하는 것이다. 잔디 위에 단단히 자세를 잡은 뒤 체중은 몸 왼쪽에 싣고 공의 뒤쪽 잔디를 향해 빠르게 떨어지는 강력한 스윙을 한다.

대부분의 골퍼들은 완벽한 상황에서만 샷을 연습한다. 이번 상황과 같은 까다로운 상황에서 샷을 반복해서 연습하라. 곧 몸에 익숙해질 것이다.

❶

1. 몸을 그린 방향으로 기울인다

로프트가 큰 클럽을 사용한다. 셋업 시 양 발을 넓게 벌리고 체중은 몸 왼쪽에 싣는다. 가파르게 떨어지는 스윙을 위해 그린 방향으로 몸을 기울인다. 무릎을 많이 구부려서 몸의 중력 중심을 낮추면 클럽이 잔디를 거쳐 지나가는 것이 원활해진다.

2. 클럽을 가파르게 들어 올린다

손잡이의 아랫부분을 잡아 샤프트를 짧게 만들어 클럽 컨트롤을 강화하자. 그립은 강하게 쥐어서 클럽이 잔디에 부딪치는 순간 꺾이는 것을 방지한다. 이제 클럽을 가파르게 들어 올리고 손목을 꺾어 주어서 클럽의 끝부분이 공을 일직선으로 향하게 하자.

3. 잔디를 통과하는 스윙

공의 뒷부분에 클럽이 닿을 때쯤 가속해서 잔디를 강하게 뚫고 지나가도록 한다. 또한 빠른 속도로 클럽이 잔디를 지나면 클럽 헤드가 러프를 뚫고 지나가게 된다. 잔디로 인해 팔로스루가 방해받아도 걱정하지 말 것. 오직 공을 다시 제 위치로 돌려놓는 데만 집중한다.

공이 그린 사이드 트랩은 무사히 통과했지만 근처의 비탈에서 멈췄다.

 발을 공 위쪽에 가까이 위치시켜서 경사도의 영향을 최소화하자.

오르막 경사

오르막 경사에서의 샷은 티샷과 비슷하다. 공을 하늘로 띄우는 것은 어렵지 않지만 어디에 떨어뜨릴지 조절해야 한다.

2. 오르막에서

오르막 경사에서는 공이 항상 앞발에 가까이 위치하도록 해야 공을 깨끗하게 타격할 수 있다.

1. 각도 측정

몸을 타깃과 반내 방향으로 뒤로 기울여서 지면과 어깨, 골반이 평행을 이루도록 한다. 이렇게 하면 평탄한 지형에서 샷을 할 때처럼 같은 스윙 아크를 그리며 공을 타격할 수 있다. 클럽 2개를 이용하여 기울기를 측정해 보라.

체중 이동

오르막 경사에서 샷을 할 때 가장 어려운 것은 체중을 공의 방향인 앞으로 이동시키는 것이다. 체중이 그대로 몸의 오른쪽에 남아 있으면 타격 시 손을 꺾게 되어 훅으로 이어진다. 스윙 스루 시 체중을 앞발에 실어 이 같은 현상을 방지하라. 클럽 페이스는 타깃에 스퀘어로 잡는다.

내리막 경사

내리막 경사에서의 샷은 오르막 경사보다 더 어렵다. 경사에 맞서는 대신 지형과 조화를 이루도록 하라. 몸의 균형 유지도 중요하다.

자세는 고정시킬 것
급한 내리막 경사에서 공을 띄워야 한다. 당신의 뇌는 온 힘을 다해서 공을 띄우라는 신호를 보내지만 그렇게 하면 절대로 안 된다. 임팩트 후 최소 1초 간 시선은 원래 공이 있던 자리에 고정시켜서 타격 전후에 몸이 움직이지 않도록 한다.

1. 각도 측정
척추가 지면과 수직을 이룰 때까지 왼쪽 어깨를 밑으로 내린다. 클럽을 2개 정도를 이용해 어깨가 지면과 수평인지 확인하자. 몸을 앞으로 기울이면 가파른 각도의 타격이 가능해지고 공을 깨끗하게 타격할 수 있다.

2. 다운워드 스윙
공을 앞발보다 뒷발에 가깝게 위치시키자. 경사가 급하면 급할수록 공이 더 뒤쪽으로 가도록 자세를 잡아야 가파르게 떨어지는 스윙이 공을 깨끗하게 때릴 수 있게 된다.

퍼팅

쓰리 퍼팅부터 홀의 가장자리에서 비껴가는 공까지,
퍼팅의 모든 두려움을 정복할 수 있도록 도와준다.

스트로크 중에 손의 움직임이 많아 퍼팅에 방해가 된다.

 퍼터를 손바닥으로 잡아서 손의 움직임을 줄인다.

올바른 퍼팅 그립이란 손이 움직이지 않고 스트로크 내내 스퀘어를 유지하는 것을 의미한다. 이때 양손과 클럽 페이스가 평행선을 그린다. 그립을 제대로 잡으면 클럽 페이스가 중간에 움직여 타깃과 다른 방향을 향하는 것을 방지할 수 있다. 전형적인 역 오버랩 그립(reverse overlap grip)이 퍼터를 잡는 데 가장 좋은 방법이다. 다음의 사진을 통해 그립법을 배워 손의 움직임을 잠재워 보자.

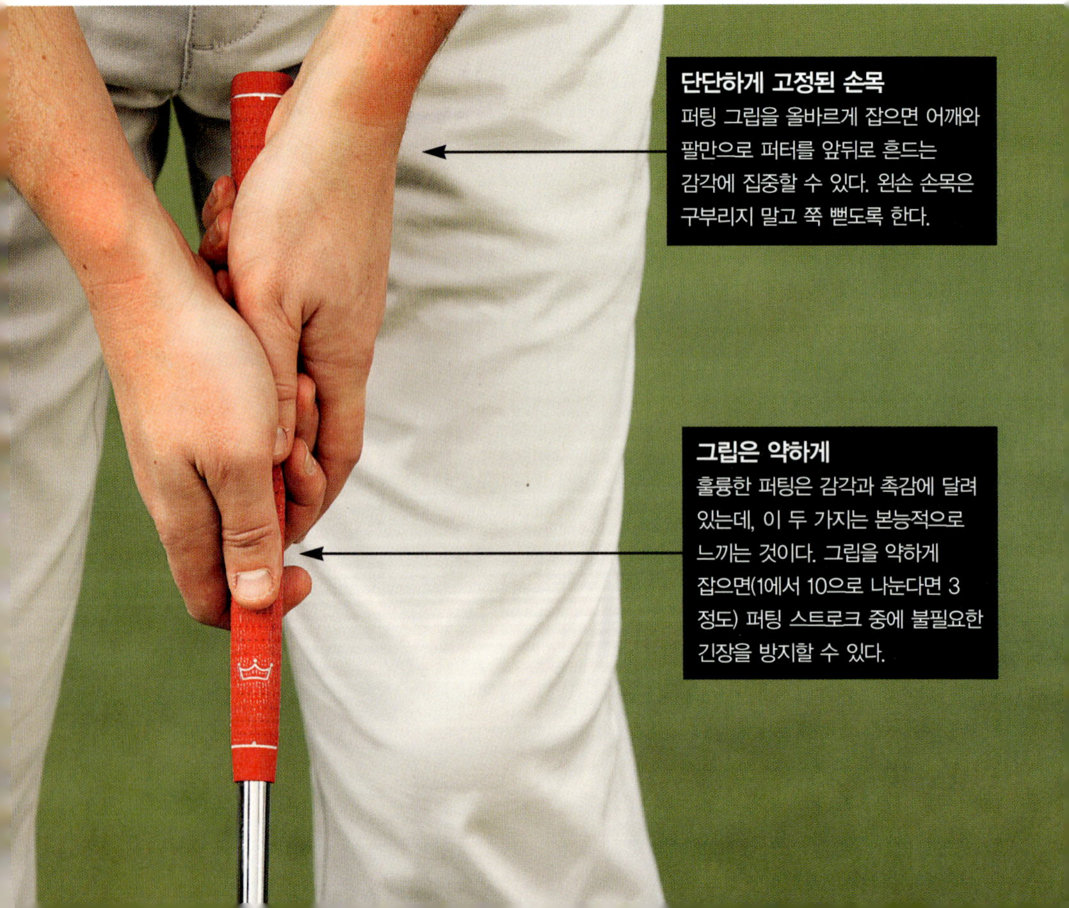

단단하게 고정된 손목
퍼팅 그립을 올바르게 잡으면 어깨와 팔만으로 퍼터를 앞뒤로 흔드는 감각에 집중할 수 있다. 왼손 손목은 구부리지 말고 쭉 뻗도록 한다.

그립은 약하게
훌륭한 퍼팅은 감각과 촉감에 달려 있는데, 이 두 가지는 본능적으로 느끼는 것이다. 그립을 약하게 잡으면(1에서 10으로 나눈다면 3 정도) 퍼팅 스트로크 중에 불필요한 긴장을 방지할 수 있다.

1. 그립은 생명선을 따라
왼손의 생명선과 접촉하도록 그립을 잡으면 퍼터가 손목 부근에서 손바닥의 두툼한 부분을 지나 집게손가락의 중간 마디로 이어지게 된다. 생명선을 따라 손을 쥐도록 한다.

2. 오른손 잡기
왼손 그립과 마주보고 오른손 그립을 잡되 이번에는 퍼터를 오른손바닥보다 살짝 아래쪽으로 내려서 손가락으로 감싸는 느낌이 들도록 한다.

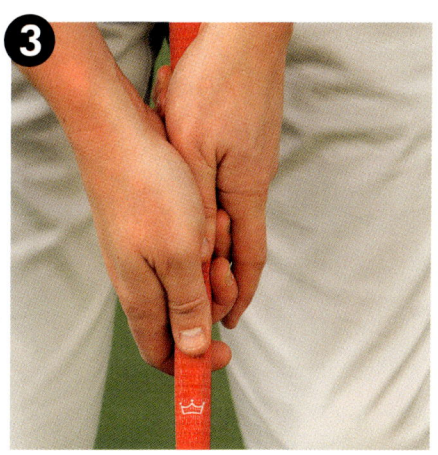

3. 양손 겹치기
손이 하나의 장치처럼 유기적으로 움직이도록 서로 깍지를 낀다. 오른손은 약간 들어서 왼손의 엄지가 오른손의 주름에 감싸지도록 하자.

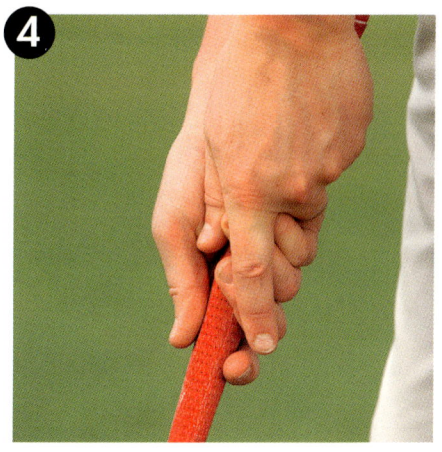

4. 트리거 핑거
왼손 검지를 오른손의 마지막 세 손가락을 가로지르도록 뻗어서 퍼터의 샤프트를 가리키도록 한다.

스트로크가 원을 그려서 일관성이 떨어진다.

 셋업 단계에서 퍼터의 날을 스퀘어한다.

좋지 않은 조준

퍼터 실력이 좋지 않은 골퍼들은 셋업 단계에서 퍼터를 정확히 조준하지 않는다. 조준이 어긋나면 퍼팅 시 왼쪽 발가락 쪽으로 꺾어지는 인사이드 궤도를 그리게 되고, 플레이어는 이를 고치기 위해 백스윙을 높이 하므로 타깃 라인을 가로지르게 된다. 임팩트 시 퍼터 페이스가 열리므로 공에 사이드스핀이 들어가고 이는 슬라이스로 연결되어 홀과 멀어지고 만다. 퍼터 날을 조준하는 법을 향상시키고 스트로크의 경로를 제대로 파악하도록 하자.

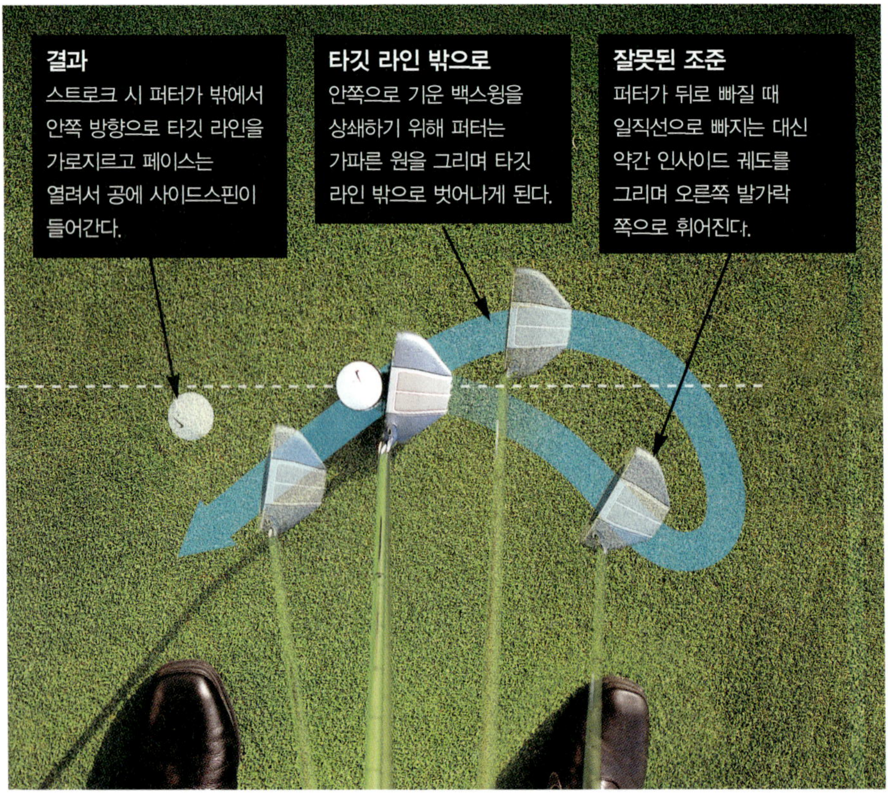

결과
스트로크 시 퍼터가 밖에서 안쪽 방향으로 타깃 라인을 가로지르고 페이스는 열려서 공에 사이드스핀이 들어간다.

타깃 라인 밖으로
안쪽으로 기운 백스윙을 상쇄하기 위해 퍼터는 가파른 원을 그리며 타깃 라인 밖으로 벗어나게 된다.

잘못된 조준
퍼터가 뒤로 빠질 때 일직선으로 빠지는 대신 약간 인사이드 궤도를 그리며 오른쪽 발가락 쪽으로 휘어진다.

앞뒤 모두 일직선으로

홀에서 15피트 이내에 있는 모든 퍼팅에서 퍼터는 홀까지 이어진 가상의 선을 따라 일직선으로 움직여야 한다. 이것을 연습하기 위한 가장 좋은 방법은 클럽 2개를 선택하여 일렬로 놓고 그 사이에서 퍼팅 연습을 하는 것이다. 확실한 퍼팅 훈련을 위해 두 개의 클럽은 퍼터에서 각각 1인치 이내에 깔아 놓도록 하자. 어깨를 앞뒤로 흔들어서 진자 운동을 한다.

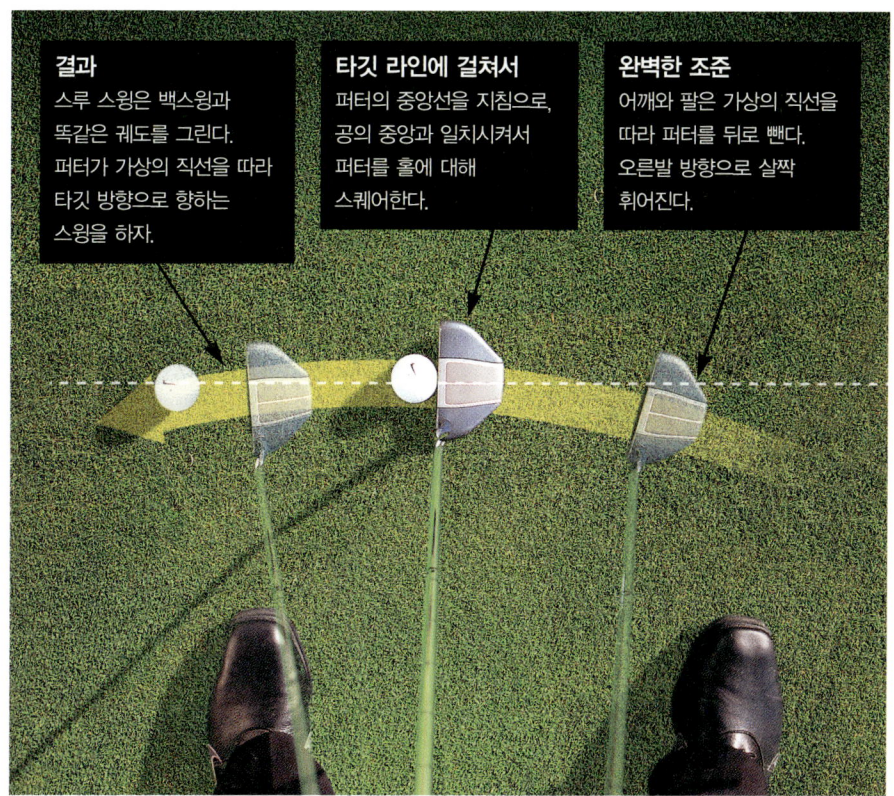

결과
스루 스윙은 백스윙과 똑같은 궤도를 그린다. 퍼터가 가상의 직선을 따라 타깃 방향으로 향하는 스윙을 하자.

타깃 라인에 걸쳐서
퍼터의 중앙선을 지침으로, 공의 중앙과 일치시켜서 퍼터를 홀에 대해 스퀘어한다.

완벽한 조준
어깨와 팔은 가상의 직선을 따라 퍼터를 뒤로 뺀다. 오른발 방향으로 살짝 휘어진다.

공이 퍼터 페이스에서 제멋대로 튕겨나간다.

 스윙 시 퍼터가 올라가면서 공을 스치도록 몸과 공의 위치를 조절한다.

공의 올바른 위치는 당신의 흉골보다 2인치 앞이다. 퍼터의 끝부분을 가슴의 중앙에 대고 공이 정확한 위치에 있는지 확인해 보자. 샤프트는 수직으로 지면에 닿게 한다. 이 지점이 퍼팅 스트로크를 할 때 퍼터가 땅에 닿게 되는 최저점이므로 지침으로 삼도록 하자. 공은 바로 그 지점에서 2인치 앞에 있어야 퍼팅 시 퍼터가 상승하면서 공을 때리게 된다. 이렇게 타격을 해야 공에 탑스핀이 들어가서 그린 위로 똑바로 굴러가게 된다.

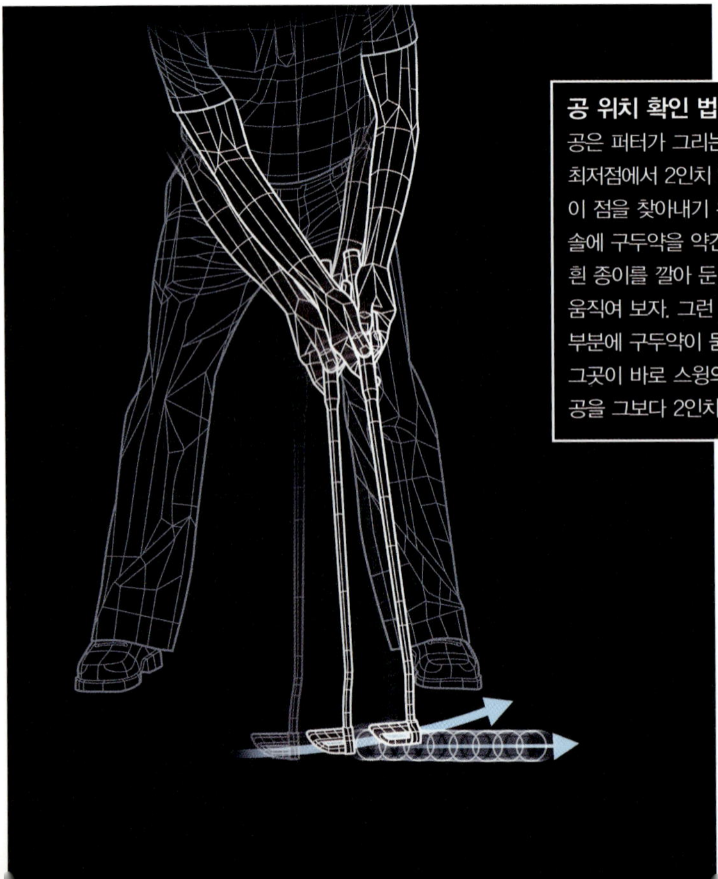

공 위치 확인 법

공은 퍼터가 그리는 스윙 아크의 최저점에서 2인치 앞에 놓여야 한다. 이 점을 찾아내기 위해서 퍼터의 솔에 구두약을 약간 칠하고, 바닥에 흰 종이를 깔아 둔 뒤 퍼터를 앞뒤로 움직여 보자. 그런 다음 종이의 어느 부분에 구두약이 묻었는지 살펴본다. 그곳이 바로 스윙의 최저점이므로 공을 그보다 2인치 앞에 위치시킨다.

퍼팅 **145**

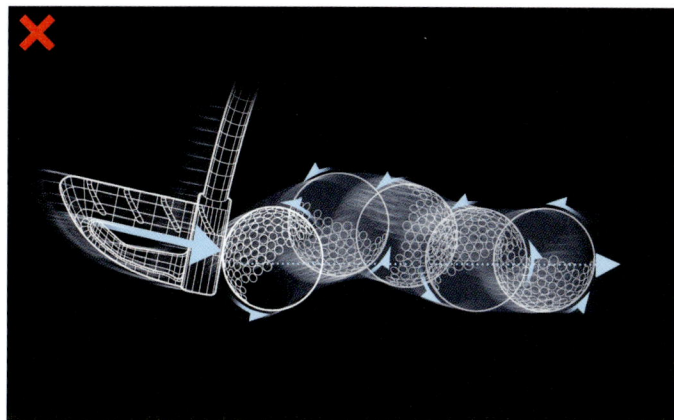

울퉁불퉁한 굴림
공이 퍼터 페이스에 닿았을 때 지나치게 높이 뜬다면 공을 지나치게 뒤쪽에 위치시켰다는 신호다. 퍼터가 스트로크의 저점에서 공을 타격하기 때문에 공에 백스핀이 들어가 불규칙하게 튕기게 된다.

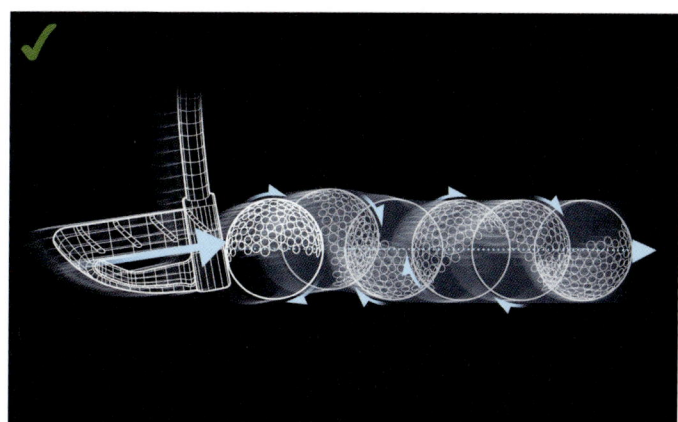

매끄러운 굴림
공이 올바른 위치에 놓여 있다면 퍼터가 올라가면서 공을 타격, 공에 탑스핀을 먹여 매끄럽게 굴러가게 한다. 스윙 템포는 항상 균등하게 유지하고 퍼터를 어깨에서 시계추처럼 앞뒤로 흔들되 손의 사용은 배제한다.

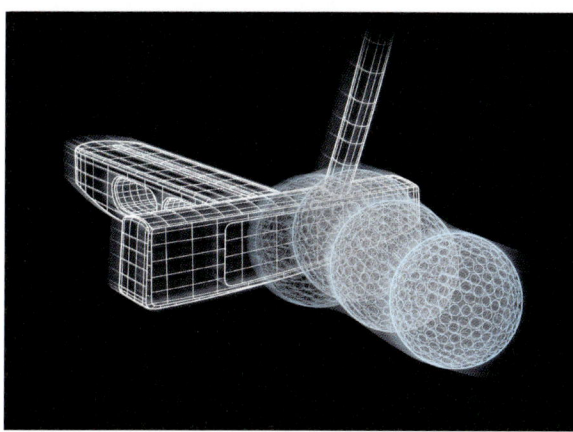

앞으로 기울어진 샤프트
공이 매끄럽게 굴러가게 하기 위해서 셋업 시 퍼터의 샤프트를 약간 앞으로 기울이고 그립을 잡는다. 공 위치가 정확하면 퍼터가 오르막 궤도에서 공을 가볍게 스치는 타격을 해서 공이 더 원활하게 굴러가도록 할 수 있다.

임팩트 시 퍼터 페이스가 스퀘어가 아니다.

 타깃 방향으로 연필을 굴려 본다.

페이스를 스퀘어하는 손쉬운 훈련법은 공 위치에 연필을 놓아 보는 것이다. 연필을 홀에 직각으로 놓고 공이라고 생각하고 어드레스하라. 그리고 타격해 본다. 정확히 타격했다면 연필은 홀을 향해 일직선으로 굴러갈 것이다. 페이스가 스퀘어하지 않다면 연필은 옆으로 휘어져 굴러간다.

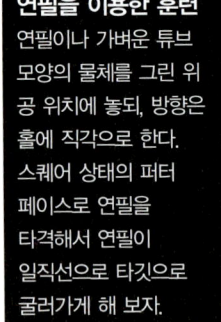

연필을 이용한 훈련
연필이나 가벼운 튜브 모양의 물체를 그린 위 공 위치에 놓되, 방향은 홀에 직각으로 한다. 스퀘어 상태의 퍼터 페이스로 연필을 타격해서 연필이 일직선으로 타깃으로 굴러가게 해 보자.

퍼터의 스윗 스팟으로 공을 타격하는 것이 어렵다.

 클럽 페이스에 선크림을 바르고 퍼팅을 몇 번 해 본 뒤 공과 닿은 부분을 확인해 본다.

공이 부드럽게 일직선으로 굴러가게 하기 위해선 퍼터 페이스의 정중앙인 스윗 스팟으로 공을 타격해야 한다. 만약 힐이나 토우 부분으로 공을 타격하면 퍼터의 날이 열리거나 닫히게 되어 공이 휘어지는 결과로 이어진다. 선크림을 이용해서 공이 정확히 스윗 스팟에 맞는지 확인해 보자.

정중앙 타격
페이스 정중앙에 공이 닿아야 완벽한 타격이다. 정중앙에 남은 흔적은 당신이 타깃 방향으로 일직선으로 공을 타격했다는 증거다.

토우 부분 타격
만약 공이 퍼터의 토우 부분에 맞으면 공은 홀의 오른쪽으로 굴러갈 것이다. 퍼터 스윙이 홀 방향 오른쪽으로 꺾어질 때 이런 상황이 발생한다.

힐 부분 타격
공이 힐 부분에 맞았다면 왼쪽으로 휘어지거나 왼쪽에서 오른쪽으로 도는 사이드스핀을 먹고 슬라이스가 난다. 공이 홀에 들어가는지 확인하기 위해 고개를 너무 빨리 돌리면 이런 일이 발생한다.

장거리 퍼팅 실력이 모자라 쓰리 퍼팅으로 이어지곤 한다.

 스트로크의 리듬을 익혀서 타격력을 향상시키도록 하자.

대부분은 아마추어 골퍼들은 불규칙적인 타격 때문에 먼 거리에서 공을 홀에 붙이는 것을 어려워한다. 우선 정확한 감각과 일관성을 유지하려면 퍼터의 스윗 스팟을 찾는 것이 급선무다. 스트로크가 길어지면 길어질수록 어려워지지만 셋업과 리듬감을 의식함으로써 타격을 향상시킬 수 있다. 다음 네 가지 팁을 숙지한 다음 실력이 느는 것을 확인해 보라.

올바른 셋업
안정성이 중요하다. 무릎을 많이 구부려서 몸이 흔들리지 않도록 굳건하게 자세를 잡자. 시선은 공 너머에 두고 홀까지 이동 경로를 한눈에 파악한다.

장거리 샷
장거리 퍼팅에서 타격이 불규칙하면 일관적인 퍼팅이 매우 어렵다. 퍼터 끝부분이 배꼽을 향하도록 해서 깨끗한 타격으로 공을 홀 가까이에 붙이도록 하자.

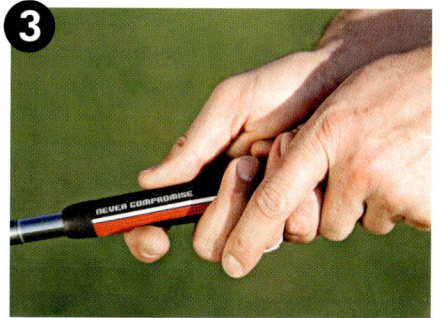

1. 안정된 자세

다리를 많이 구부려서 자세를 안정되게 한다. 장거리 퍼팅에서 스트로크는 꽤 길어질 수 있다. 자세를 안정되게 잡으면 몸이 흔들리지 않아서 정확한 타격이 가능해진다.

2. 시선은 공 너머로

이렇게 하면 단지 공과 홀 사이의 경로를 파악하는 데 도움이 될 뿐만 아니라 퍼터의 스윗 스팟으로 공을 타격할 확률도 올라간다.

3. 그립의 압력은 약하게

장거리 퍼팅에서 손의 역할은 단순히 팔이 회전하면서 발생하는 동력을 퍼터에 전달하는 것이다. 그립의 압력을 약하게 해서 손이 방해하는 일 없이 힘을 전달하도록 하자.

4. 배꼽을 지시등으로

팔로스루 시 퍼터 끝부분이 배꼽을 향하도록 하자. 이렇게 하면 스트로크가 일정한 호를 그리면서 퍼터를 보다 리드미컬하게 릴리즈 할 수 있다.

그린을 읽는 것이 어려워서 장거리 퍼팅을 하는 데 자신감이 없다.

 공이 꺾이는 지점으로 향하는 티펙 관문을 설치하자.

그린 경사를 살펴보는 것만으로는 충분하지 못하다. 일단 그린에서 공이 꺾이는 가장 높은 지점을 확인했다면 공을 정확하게 그쪽으로 이동시키기 위한 방법이 필요하다. 연습할 때 그림처럼 티펙 관문을 설치해 놓고 연습을 하면 실전에서 큰 도움이 될 것이다.

경로 탐색기
티펙 관문을 이용해서 공이 꺾이는 최고점까지 공을 정확하게 보내도록 하자.

1. 경로를 그려 보자

그린 위에 바둑판처럼 격자무늬를 그려 보면 경사로 인해 공이 어떻게 휘어질 것인지를 파악하는 데 도움이 된다. 공에 선을 하나 그린 뒤 공이 굴러가기를 원하는 방향과 선을 일치시키자.

2. 꺾이는 지점 찾기

지면의 경사도를 전체적으로 파악했다면 그 다음 단계는 경사의 최고점을 찾는 것이다. 공이 이곳에서 방향을 전환해 바로 홀컵으로 향하게 된다. 티를 하나 꺼내어 그 지점을 표시하자.

3. 티펙 관문

두 개의 티펙을 공에서 18인치 정도 앞에 꽂되 2인치의 간격을 둔다. 공과 멀리 공이 꺾이는 지점 사이에 직선을 그려 본 뒤 공이 정확히 그 선을 따라가도록 티펙을 꽂는다.

그린이 울퉁불퉁하고 불규칙적인 한겨울 그린에서 퍼팅한다.

 공이 지면에 딱 붙어서 굴러가도록 공에 탑스핀을 건다.

이상적인 퍼팅에서 공은 절대 지면에서 떨어지지 않아야 한다. 일단 공이 떴다가 떨어지면 불규칙하게 튀는 습성이 있기 때문이다. 당신이 공에 탑스핀을 거는 스트로크를 숙달할 수 있다면 이상적인 퍼팅에 한 걸음 더 가까워질 수 있을 것이다.

공이 튀지 않도록
겨울의 그린은 잔디가 억세 공이 쉽게 뜨곤 한다. 다음 3단계 사항을 숙지해서 공이 지면에 밀착하여 굴러가게 하자.

1. 셋업

공은 왼발 방향으로 2인치 정도 몸 중앙보다 앞으로 위치시킨다. 손은 정확히 공과 직선에 맞추도록 하자.

2. 퍼터로 정중앙 타격

공의 밑 부분을 타격하면 공이 바로 뜨게 되므로 공의 정중앙을 노리고 타격하도록 하자.

3. 스루 스윙과 피니시

피니시 때 퍼터는 높게 하늘을 향해야 한다. 이렇게 하면 공에 탑스핀이 걸려 보다 매끄럽게 굴러가게 된다.

10피트 이내에서 공이 홀인이 안 되어 장거리 게임에 대한 심적 부담감이 있다.

 스트로크와 홀인 타격을 향상시키기 위한 훈련을 하자.

요즘처럼 장거리 게임이 대세인 시대에도 타수를 낮추기 위한 가장 빠른 방법은 퍼팅을 잘하는 것이다. 이 점을 확인하고 싶다면 세계 최고 골퍼들의 기록을 살펴보라. 세계 순위 10위 안에 드는 골퍼 중 4명은 세계 최고의 퍼팅 실력을 갖고 있다. 퍼팅이 좋아야 성적이 좋아진다. 퍼팅은 결과다. 기초를 탄탄히 하면 실전에서 웃을 수 있다.

1. 펜 활용

스트로크 내내 머리를 고정시켜서 퍼터의 이동과 타격이 일정하게 한다. 이것을 훈련하기 위한 쉬운 방법 하나는 펜을 입에 물고 땅을 향하게 한 뒤 퍼터로 진자 운동을 하는 것이다. 도중에 펜의 방향이 바뀌면 안 된다.

2. 스트로크 훈련

퍼팅이 잘 안 되는 이들은 대부분 퍼팅 시 손을 많이 사용한다. 손이 퍼팅에 개입하면 퍼터 헤드가 돌아가 필연적으로 미스 샷이 발생하게 되므로 무엇보다도 손을 완전히 고정시키는 법을 익혀야 한다. 양 팔뚝 사이에 럭비공을 끼고 V자 형태로 럭비공이 고정되도록 한다. 손 자세가 무너져서 럭비공이 움직이면 안 된다.

3. 타격감 향상

홀인 능력을 향상시키기 위한 마지막 요소는 바로 완벽한 타격이다. 정확성을 연마하기 위해 공을 퍼터의 앞뒤에 놓고 공을 건드리지 않도록 퍼팅 연습을 해 보자. 양팔이 연결되는 감각을 최대화하기 위해 헤드 커버 두세 장을 겨드랑이에 끼우고 퍼터로 진자 운동을 하면서 헤드 커버를 떨어뜨리지 않도록 하자.

공이 늘 홀 가장자리에서 돌아 나온다.

 공에 탑스핀을 걸어서 굴려라.

TV에 나오는 프로 골퍼들은 항상 홀인을 하는 데 왜 나의 퍼팅은 늘 홀의 가장자리를 지나 돌아가는 걸까? 그에 대한 답은 탑스핀이다. 프로들은 공의 상단 부분을 업워드 스윙으로 살짝 타격해서 공이 수직으로 빙글빙글 회전하도록 한다. 이렇게 스핀을 걸면 공이 컵의 어느 부분에 닿든 컵 안으로 들어가려는 경향을 보인다. 사이드스핀이나 심지어 공의 낮은 부분을 타격할 때 발생하는 백스핀도 공이 홀에 닿을 때 돌아 나오게 하는 원인이 된다. 이제 탑스핀을 걸어서 타격할 때다.

1. 공은 앞쪽으로

공은 왼발 안쪽 바로 앞에 위치시킨다. 이렇게 하면 퍼터가 최저점을 찍고 난 뒤(몸의 정중앙) 상승하는 과정에서 공을 타격하게 된다. 이 지점이 업워드 타격을 위한 완벽한 지점이다.

2. 낮은 백스윙

퍼터 헤드를 낮게 뒤로 빼야 공의 윗부분을 타격할 수 있다. 퍼터를 뒤로 뺄 때 퍼터의 솔 부분으로 잔디를 쓸어 낸다고 생각하라. 손과 손목은 고정시키고 팔은 쭉 뻗는다.

3. 공의 윗부분 긁기

슬로우 모션으로 퍼터를 앞으로 이동시켜 페이스 밑부분으로 공의 상단을 타격하는 연습을 하라. 공 윗부분의 페인트를 긁어내는 느낌으로 퍼터의 페이스가 공 윗부분을 닦아 낸다고 생각하고 이에 집중하라.

4. 속도 조절하기

점점 속도를 높여서 매번 조금씩 더 빠르게 하는 연습을 하라. 궁극적인 목표는 평소의 속도로 퍼팅하면서 공의 윗부분을 정확하게 타격하는 것이다.

퍼팅 시 자주 공이 빠르게 홀의 가장자리까지 굴러가는데 공의 속도를 늦추기가 어렵다.

 퍼터의 토우 부분으로 공을 타격한다.

속도를 줄이자
토우 부분으로 공을 타격하여 속도를 줄인다.

매끄러운 그린에서의 퍼팅은 심리적 부담감을 안겨준다. 첫 번째 퍼팅을 실수하면 공이 더 멀리 굴러가 버릴 수도 있다. 공이 멀리 가 버릴 수도 있다는 두려움은 짧고 둔탁한 스윙을 유발한다. 다행히도 이에 대한 해답은 매우 간단하다. 공을 퍼터의 중앙 부분이 아니라 토우 부분으로 타격하는 것이다. 이렇게 하면 공의 페이스가 크게 줄어들기 때문에 당신은 어깨에서부터 시계추처럼 진자 운동을 하면서 정확한 타격을 하는 데만 집중할 수 있다.

티칭 프로 프로필

가레스 벤슨(Gareth Benson)
맨체스터 소재 애슬리 골프 레인지 티칭 프로

닉 브래들리(Nick Bradley)
캘리포니아 남부 미틀 비치 소재 베어푸트 리조트 '닉 브래들리 골프 스쿨' 운영

제이슨 브랜트(Jason Brant)
이스트 버크셔 골프 클럽 헤드 프로

크리스 브라운(Chris Brown)
스코틀랜드 에어셔 소재 웨스틴 턴베리 골프 리조트 헤드 프로

게리 케이시(Gary Casey)
잉글랜드 피터버러 소재 토프 우드 골프 코스 시니어 티칭 프로

이안 클락(Ian Clark)
뉴몰든 골프 코스 골프 이사 겸 전문 교수

닉 클레멘스(Nick Clemens)
와이트 섬 소재 프로비전 골프 이사

스콧 크랜필드(Scott Cranfield)
유럽 투어 코치, 크랜필드 골프 아카데미 이사 겸 PGA 기조 연설자

마이어 두 토이트(Meyer du Toit)
남아프리카 소재 시몰라 골프 리조트 헤드 티칭 프로

패트릭 플라인(Patrick Flynn)
밀턴 키네스 소재 우보른 골프 클럽 프로 코치

댄 프랜드(Dan Friend)
캠브리지셔 소재 브램턴의 PGA 전문가이자 '어쿠쉬넷' 회사에서 골프 용품 맞춤 제작 기술자

댄 프로스트(Dan Frost)
CGA 샌다운 파크 헤드 티칭 프로

아드리안 프라이어(Adrian Fryer)
잉글랜드 워링턴 소재 드라이브 타임 레인지 헤드 티칭 프로

가레스 존스톤(Gareth Johnston)
이스트 버크 골프 코스 어시스턴트 티칭 프로

필 캐논(Phil Kenyon)
헤럴드 스와시 푸팅 스쿨 어시스턴트 티칭 프로

로버트 미첼(Robert Mitchell)
스페인 소재 코스타 발레나 골프 리조트 CGA 티칭 프로

스튜어트 모건(Stuart Morgan)
프레스트윅 골프 클럽 시니어 어시스턴트 골프 프로

리 스카브로우(Lee Scarbrow)
잉글랜드 베드포드샤이어 소재 존 오그랜트 골프 클럽 헤드 티칭 프로

데릭 심슨(Derek Simpson)
잉글랜드 웨스트 미들랜드 소재 벨프라이 시니어 티칭 프로

미첼 스피어맨(Mitchell Spearman)
뉴욕 서부 나이악 소재 맨해튼 우즈 골프 클럽 훈련 책임자